KB200342

우리 함께 기도해

우리 함께 기도해

지은이 · 김현미
초판 발행 · 2018. 02. 13
2쇄 · 2018. 03. 14
등록번호 · 제1988-000080호
등록된 곳 · 서울특별시 용산구 서빙고로 65길 38
발행처 · 사단법인 두란노서원
영업부 · 2078-3333 FAX 080-749-3705
출판부 · 2078-3331

책 값은 뒤표지에 있습니다.
ISBN 978-89-531-3081-4 03230

독자의 의견을 기다립니다.
tpress@duranno.com   http://www.Duranno.com

두란노서원은 바울 사도가 3차 전도여행 때 에베소에서 성령 받은 제자들을 따로 세워 하나님의 말씀으로 양육
하던 장소입니다. 사도행전 19장 8-20절의 정신에 따라 첫째 목회자를 돕는 사역과 평신도를 훈련시키는 사
역, 둘째 세계선교(TIM)와 문서선교(단행본·잡지) 사역, 셋째 예수문화 및 경배와 찬양 사역, 그리고 가정·상
담 사역 등을 감당하고 있습니다. 1980년 12월 22일에 창립된 두란노서원은 주님 오실 때까지 이 사역들을 계
속할 것입니다.

기도와 말씀으로
통(通)하는
행복한 소그룹

우리 함께 기도해

김현미

지음

두란노

바람이 가슴에 시원하게 파고드는 여름날 밤이었다. 동네를 산책하다가 문득 '혼자가 아니라서 행복하다'는 생각이 들었다.

가족 외에 다른 누구를 생각하고 살 겨를이 없는 세상의 시간 속에서 교회는 나와 다른 사람들을 만나게 해 주었고, 주님을 위해 무엇인가를 하겠다는 목표를 가지고 함께 할 수 있는 많은 것을 제공했다. '가족'이라고 말하는 공동체는 서로의 희생과 헌신 없이 세워지기 너무나도 힘들다는 것을 알았다 치더라도, 그 힘을 제공하시는 분은 오직 예수뿐이라는 사실을 깨닫기까지 정말 많은 시간이 걸렸다.

나는 새로운 공동체를 만나 가족처럼 살 수 있다는 꿈을 꾸었다. 움직임 하나에도 마음을 담아야 전해지는 애틋함은 저절로 생겨나는 것이 아니다. 각자가 자신을 내려놓아야 가능한 일이다. 그러나 자기중심적인 자아는 끝없이 내 안의 예수님과 싸웠다. 우리 모두가 그랬다.

이 책은 용사가 되어 이런 싸움을 같이 한 팀원들이 만들어 냈다고 해도 과언이 아니다. 자기를 부인하고 자기 십자가를 지는 일이 얼마나 처절한 자신과의 싸움인지를 알아 가는 기도 모임 팀원들에게 무한한 감사를 표시하고 싶다. 그리고 주님과의 시간을 가장 우선순위로 사용할 수 있게 해 준 이영찬 장로와 딸 지은이, 아들 요한이에게도 사랑과 감사의 마음을 전한다. 그 외에도 적은 시간이라도 함께해 주었던 동료들과 사역을 할 수 있게 해 준 모든 교회에 감사를 전하고 싶다.

마지막으로, 순회 사역을 하는 동안 비록 어려움이 많지만 내게 야성의 영성을 갖게 하시고 사람과 세상을 의지하지 않게, 오직 주님만을 바라보게 역사하신 하나님께 가장 큰 마음으로 경배와 찬양을 드린다.

2018년 2월

김현미

Contents

▍제1부
소그룹 기도 모임의
시작과 정착

제2부
성숙으로 나아가는
소그룹

나와 함께했던 소그룹은 내가 이 책을 쓰게 된 계기가
되었다. 지난 20년 동안 함께하면서 고민하고 애써 왔던
것들이 어쩌면 불필요한 에너지를 쏟아 낸 것이 아닐까
하는 생각이 들었지만, 그것은 꼭 필요한 과정이라고 여겨
졌다. 세상의 실험실에서 임상적 결과가 필요하듯이 우리
도 소그룹에 대한 임상적 결과가 필요했기에 용기를 내어
글을 쓰기 시작했다.

가장 고민이 많았던 것은 관계적인 문제였다. 소그룹
의 구성원은 세상의 사람들보다 성실하고, 열정적이며,
하나님에 대한 지식도 많고, 하나님 앞에서 열심히 살아
가는 사람들이다. 그들은 이제까지 별 문제 없이 살아왔
다고 생각했기 때문에 소그룹 나눔이 굳이 필요한가를 놓
고 정말 많이 고민하고 기도했다. 오랜 시간을 기도하며
내린 결론은 하나님 앞에서 사는 그리스도인들은 모두 변
화되어야 한다는 것이었다.

관계 안에서 들여다본 각자의 모습은 왜곡되어 있었

다. 자신이 생각하는 것 이상의 삶을 살기보다는 그 이하로 사는 모습을 무의식적으로 나타냈고, 수치라고 생각되는 적나라한 모습은 변명하고 합리화하기 일쑤였다.

하나님을 만나는 임재의 체험은 말씀이 살아서 역사할 때 이루어진다. 어떤 문제에 직면해 있을 때 그날의 말씀을 읽고, 그 말씀에 대한 의문과 깨달음을 놓고 대화하는 것이 묵상과 기도다. 종일토록 그 대화를 기억하고, 그 말씀으로 마음을 다스리며, 내주하시는 성령님의 다스리심에 끄덕이며 사는 사람들이 그리스도인들이다. 하나님과 정직하고 진정한 대화를 나눈 사람은 그 내용을 잊지 않고 일상의 삶에서 다른 사람들에게 자신이 만난 주님을 이야기하고, 자신이 받았던 위로와 권면을 전하는 사람으로 살아간다.

주님의 말씀의 능력은 치유의 발언을 하게 한다. 즉 다른 사람을 살릴 수 있는 것은 우리의 능력이 아니라 우리 안에 계신 성령님의 능력이다. 성령님은 그리스도의 영으로서, 우리에게 주 예수 그리스도가 누구인지를 알게 해주신다.

우리는 하나님을 만나는 임재의 체험과 성령님의 내주하심을 입은 그리스도인의 모습을 찾기로 하고 소그룹을 진행했다. 함께하는 중보기도에는 문제가 없는 듯했으나 소그룹 구성원이 하나가 되는 '연합'의 문제는 내면적인 것이라 오랜 시간이 걸렸다. 그리고 각 개인의 신앙이 깊어져야 한다는 것을 알게 되었다.

말씀 묵상이 깊어지지 않으면 육신의 일들을 드러내게 된다. 옛 자아의 습관들이 사라지지 않고 더욱 강력해져서 분리와 분쟁을 일으킨다. 연합은 서로가 서로를 인정하고, 격려하고, 용기를 내지 않으면 할 수 없는 일이다.

"서로 사랑하라"는 계명을 지키는 것은 우리 힘으로는 불가능한 일이지만, 주님 안에서는 가능하다. 소그룹에 속해 있던 각자가 그리스도 안에서 사는 것이 이루어진 날에는 우리의 기도와 인격과 성품이 한없이 풍성해지고 평강으로 가득했던 것을 기억한다. 한 번의 경험은 다음의 경험을 기대하게 만든다. 우리 소그룹은 모일 때마다 주님의 공동체적인 임재의 경험을 사모하게 되었다. 이런 모습이 교회의 소그룹에 도전을 주기를 간절히 소망하며 이야기를 시작하려 한다.

소그룹 기도 모임의
시작과 정착

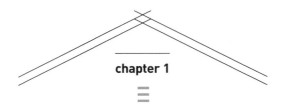

chapter 1

소그룹 기도 모임의 시작
: 보물찾기

기도 모임을 이끌다

: 믿음의 분량만큼 사용하시는 하나님

우리 교회는 소그룹으로 기도 모임을 진행할 것을 정하고 함께할 사람들을 모집했다. 그중에 '주중 기도'라는 모임이 만들어져서, 나는 화요일 기도 모임의 인도자가 되었다. 교회 신문에 게시된 광고를 보고 사람들이 모여들었다. 그러나 모임에 한 번 왔다가 다시 참석하지 않는 사람도 많았다. 이유는 알 수 없었다.

당시 나는 기도 모임 인도자 외에도 순을 맡은 순장으로 섬기고 있었다. 그래서 순 식구들에게 기도 모임에 참여할 것을 권면했고, 순 식구들은 자의 반 타의 반으로 기도 모임의 주축이 되었다. 그때 나는 서른여덟 살이었다. 당시 나이를 언급하는 이유는 세상에서는 적은 나이가 아니지만 영적으로는 그리 성숙하지 못한 채 기도 모임의 인도자를 맡아 좌충우돌했기 때문이다. 나이가 든다고 해서 모든 부분이 저절로 성숙해지는 것은 아니었다.

1년 동안 매주 화요일은 교회에 있었다. 기도방에서 홀로 기도하며 보낸 날들도 많았다. 인도자의 위치에 있는 것은 두렵고 떨리는 일이었기 때문에 새벽 기도와 큐티로 꼭 묵상을 해야 한다는 강박적인 생각을 가지고 있었다. 한 주간 있었던 일들을 말씀 안에서 해석하고, 회개한 것들을 가지고 기도 모임에 가야 한다는 나름의 의식과 기준이 있었던 것이다.

광고를 보고 기도 모임에 오는 사람들이 늘어나기 시작했다. 많은 생각이 들었지만 나쁜 마음을 제하고자 최선을 다해 노력했다. 주님과 동역하는 것, 그리고 사람들과 동역하는 것이 어떤 것인지 잘 알지 못했다. 새벽 기도와 설교를 통해 들었던 말씀들은 나에게 반드시 지켜야만 하는 율법으로 작용했고, 그 말씀을 깨닫고, 이해하고, 경험하는 일은 미숙하기만 했다.

어리고 서툴지만, 그럼에도 인상이 좋아 보인다고 인간적으로 좋아해 주는 사람들이 많았다. 그때 내 마음 한 구석에는 '내가 하나님의 말씀을 풀어내는 일에 은사와 능력이 있구나'라는 자만이 있었던 것 같다. 나중에야 내가 갖고 있었던 이런 종류의 자의식이 건강하지 않다는 사실을 알게 되었다.

그러나 하나님이 내 믿음의 분량만큼을 사용하시고, 순종하려고 애쓰는 내 마음을 알아주시는 듯 기도 모임에 참여하는 사람들의 수가 차츰 늘어나기 시작했다. 그때만 해도 나는 숫자로 은혜를 측정했었다.

하지만 기도에 대한 열정을 정기적인 기도 모임에서 해소하려는 마음이 간절하지 않았던 탓인지 지속적으로 참석하는 사람들이 많지 않았고, 참석 인원 수가 늘 들쑥날쑥했다. 나는 혼자라도 기도방을 지켜야 한다는 생각으로 그곳에서 늘 기도하고 성경을 읽었다.

당시에는 매주마다 교회가 감당하기 어렵다고 생각할 만큼 많은 사람이 새신자로 등록했다. 새롭게 세워진 선

교관과 본관을 이어 주는 지하 통로의 공사가 막 끝난 뒤
라 그 통로로 가는 길에 위치해 있던 기도방에서는 새 건
물의 냄새가 났다.

　나는 기도방을 어떻게 운영하는지 배우기 위해 지구
촌교회와 사랑의교회 등을 탐방했다. 당시 사랑의교회는
나에게 신선한 충격을 주었다. 교회 건물과는 별개로 상
가의 지하 두 층을 이용해 기도방을 활발히 운영하고 있
었고, 하루 종일 릴레이로 기도가 진행되는 모습을 보고
부러운 마음이 가득했다. 그 감동으로 사랑의교회 안성수
양관에서 진행되는 기도학교도 이수했다.

　이러한 과정을 거치면서 나는 미래에 대한 꿈을 꾸기
시작했다.

　'우리 교회에도 기도방을 만들면 얼마나 좋을까? 그
방에서 모이는 사람들의 중보 기도로 교회는 부흥할 것이
고, 물 떠 온 하인만이 아는 기쁨으로 우리는 기도하고 또
기도하겠지?'

　삶은 고달프고 피곤한 나날을 보냈지만 새벽마다 주님
을 찾아 기도하러 갔다. 주님은 그때마다 나의 현실과 동

떨어진 생각을 비전으로 제시하셨다. 가슴이 뛰었다. 마치 현실의 세계를 벗어나 다른 세상을 접하는 듯했다. 나는 상상 속에서 열정적인 주인공이 되어 하나님의 마음을 흡족하게 해 드렸고, 주님의 마음을 시원하게 해 드렸다.

　　그러나 내 꿈은 철저히 내 중심적이었다. 방향을 잃은 열정이었다고 말할 수도 있겠다. 이러한 생각은 얼마 지나지 않아서 산산이 부서졌다. 지금 와서 생각해 보면 일찍 깨어진 것이 얼마나 다행인지 모른다. 그러나 그때의 꿈은 매우 신선했고, 나의 열정을 뜨겁게 달궈 주었다.

　　기도 모임에 참석하는 사람들이 늘어나면서 릴레이 기도 모임을 위한 여성 사역 중보 기도 세미나가 열렸다. 기도에 열정을 가진 300명의 용사들이 세워진 것이다. 여전히 주중 중보 기도 모임을 진행하면서 팀원들과 사역에 동참했고, 그 사역으로 인해 우리는 기도에 더욱 열심을 냈다.

　　온누리교회 지하 2층에는 모세, 아론, 홀의 이름을 딴 기도방 3개가 마주하고 있다. 릴레이 기도모임은 가운데 있는 모세 기도방에서 진행됐다. 그 방에 파티션을 설치

하고 1시간 동안 최대 7명이 기도할 수 있는 공간을 마련
했다. 릴레이 기도를 작정한 헌신자들을 위한 기도 카드
와 기도함을 만드는 일도 했다. 나는 이 일을 두고 여러
번 기도하는 가운데 꿈에서 어떤 모양을 보게 되었는데,
그 모양 그대로 기도 카드와 기도함이 제작되어 교회 여
러 곳에 배치되었다.

기도 헌신자들이 모인 세미나는 성공적이었다. 300여
명의 헌신자들이 오전 9시부터 오후 6시까지 1시간씩 기
도하는 일을 월요일부터 토요일 정오까지 이어 갔다. 릴
레이 기도는 교회의 큰 사역으로 자라났고, 사역 팀도 불
어나서 30명 이상이 되었다. 나는 총무로 이 일을 감당하
면서 기도 사역의 큰 기쁨을 맛보았다.

그러나 그 당시 내가 모르는 것이 하나 있었다. 교회
는 사역만으로 이루어지지 않는다는 사실이었다. 사람들
과의 관계 속에서 역사하시는 하나님의 사랑이 전제되어
야만 진정한 하나님의 사역이 이루어진다는 사실을 뒤늦
게 깨달았다. 하나님은 우리가 하는 '일'이 아니라 하나님
의 마음을 알고 그분의 뜻을 깨달아 순종하는 '행위'를 기

뻐하신다. 보이지 않는 곳에서도 하나님을 생각하고 기쁨으로 얼굴에 빛이 나면 그것이 곧 사역이 되는 것이다.

나는 사람들과의 관계를 중요하게 생각하기보다 과업을 달성하는 것을 목표로 나만의 그림을 그리며 중보 기도 모임을 끌고 나갔다. 형편상 다른 사람들과 공유하며 모임을 이끌어 갈 여유가 없었다. 그렇게 일하다 보니 누군가에게 부탁하거나 소통하지 않고 혼자 알아서 일하는 것이 몸에 뱄다. 사실 나 자신도 사역에 대한 그림이 희미했기에 맹인이 코끼리 다리 만지듯 찾아가며 구체적인 그림을 그려 나갔다.

한 학기를 이렇게 보내고 나서, 다른 사역 팀과 팀장들이 나의 독자적인 행동 때문에 많이 불편해한다는 사실을 알게 되었다. 나는 그때 큰 충격을 받았다. 의도했던 것은 아니지만, 무조건 열심히만 하면 된다는 마음으로 일했던 나의 모습이 일방적이고 독단적으로 보였다는 것이 부끄럽기도 했고, 다른 사람들에게 못내 서운한 마음도 들었다.

이런 무거운 마음이 들 때마다 나는 하나님 앞에 무릎

을 꿇고 기도했다. 복잡하고 알 수 없는 감정에 휩싸일 때
는 기도로 마음을 정리하는 것이 가장 유익하기 때문이
다. 새벽 기도회에 나가거나 시간이 날 때마다 성전에서
기도했다. 이미 결론은 났지만, 하나님께 이해받고 싶고
내 잘못을 깨닫기 위해서 하나님 앞으로 나아갔다.

기도의 무릎을 꿇자 그때까지의 내 모습이 머릿속을
주마등처럼 스쳐 지나갔다. 마음의 여유 없이 기도 모임
을 끌고 가려고 했던 것, 다른 사람들과 나누는 일에 소홀
했던 것, 자존심 때문에 동역자들과 의논하지 않고 혼자
결정하려 했던 것 등을 깨닫게 되면서 회개 기도를 했다.

사람은 믿음의 분량만큼만 자신의 모습을 나타낸다.
결과물에 치우치면 과정 중에 드러나는 일들은 무시되기
가 쉽다. 세상의 일들은 대부분 결과물에 집중되어 있지
만, 하나님의 사역은 그렇지 않다. 하나님의 사역은 철저
하게 하나님 중심이어야 하고, 하나님의 마음을 생각해야
한다. 제일 중요한 것은 하나님을 아는 것이다.

내 믿음의 분량은 하나님 앞에 사역의 결과물을 드림
으로써 그분을 기쁘시게 해 드릴 수 있다고 생각하는 그

수준이었다. 그래서 나는 우리가 함께 좋은 결과물을 만들어 하나님께 드리면 모두가 복을 받을 것이라고 믿었다. 그러나 다른 사람들의 눈에는 내가 함께 나누지 않고 독단적으로 사역에 임하는 것으로 보였고, 끝내 내게 권면했던 것이다.

　그때 내가 그런 권면을 겸손한 마음으로 받아들였다면 좋았을 텐데, 듣는 태도가 좋지 못했다. 사람들이 내 마음을 몰라주는 것이 야속하기만 했다. 이후 서운한 마음을 안고 뒤로 물러나 사역에 소극적인 자세로 임했다. 그러자 온전히 기쁨으로 사역을 할 수가 없었고, 일하는 재미를 잃어 갔다. 결국 나는 중보 기도 모임 사역을 내려놓기로 결정했다.

Tip
소그룹 기도 모임,
이렇게 시작하는 것이
유익합니다

모임의 구성원은 적어도 2명 이상이어야 한다. 처음부터 한 사람의 인도자가 품고 함께할 수 있는 인원을 많이 모집하게 되면 어려움도 많아진다. 기도 모임의 구성원은 인도자를 포함해 총 7명을 넘지 않는 것이 유익하다. 기도 모임에 참여하기 원하는 사람들이 많은 경우에는 주중, 예배, 사역 기도 팀으로 지혜롭게 분배하여 배치할 수 있다.

상황과 환경은 교회에 따라 달라질 수 있기 때문에 중요하지 않다. 하지만 모임의 비전을 담임목사님의 목회 철학과 교회 비전과 일치시키는 것이 건강한 소그룹을 만드는 데 유익하다. 소그룹은 보이는 결과물도 중요하지만, 보이지 않는 관계 훈련 안에서 말씀에 순종하기를 결단하고 시작해야 한다는 점을 숙지해야 한다.

소그룹 장소는 성령의 기름 부으심이 있는 교회 안의 예배 공간을 활용하는 것이 좋다. 모임 시간은 구성원들 각자가 가장 귀한 시간을 드릴 수 있도록 효율적으로 결정해야 함을 잊지 말자.

각 사역마다 소그룹 기도 모임을 구성하는 것은 매우 중요한 일이다. 이때 기도하는 사람들을 양육하고 훈련하는 일이 선행되어야 한다. 영적 세계에 대한 무지가 주님의 몸 된 교회를 분리시키거나 병들게 할 수 있기 때문이다. 정기적인 훈련과 교육이 단번에 결과를 보여 주지는 않는다. 하지만 꾸준하게 익히면 이름도 없이 빛도 없이 기도하는 소그룹이 되어 함께하는 즐거움으로 헌신하게 될 것이다.

모이기에 힘쓰는 사람들
: 열정은 방향을 잘 잡아야!

기도 모임을 시작할 때 나는 교회에서 순장도 함께 맡고 있었다. 순 식구들이 모두 열정이 있어서 기도 모임에 적극적으로 동참했고, 지인들도 데리고 와서 참석하는 인원 수가 늘어 갔다. 지금 생각하면 이 모든 것이 하나님의 은혜가 아닐 수 없다. 새벽 기도회에 빠짐없이 꼬박꼬박 나가고, 병환 중에 계신 시아버지를 돌보고, 아이들의 뒷바라지와 살림까지 도맡아 하려니 하루 24시간도 부족했지만 나는 그렇게 살 수 있는 것이 정말 감사했다.

새벽 기도를 하고 기도 모임을 위해 말씀을 묵상하면서 내가 전할 수 있는 이야기가 무엇일까 고민하고 공부했다. 감사한 것은 모임에 참석한 사람들이 내가 준비해 간 말씀으로 은혜를 받았다는 사실이다. 모이기에 힘쓰는 것이 얼마나 기쁜 일인가를 서로 경험하며, 주님만 바라보고 가는 것이 마냥 좋았다.

기도 모임에서는 큐티(QT) 책으로 말씀을 묵상하고, 교회와 목사님과 선교사님, 대한민국, 열방을 위해 기도했

다. 그러면서 모든 구성원이 한마음이 되었고, 서로 아끼
는 가족이 되었다.

　그러던 중 여성 사역 중보 기도를 내려놓고, 금요일
저녁 철야 기도 사역을 새롭게 맡게 되었다. 밤 9시에 시
작해서 다음 날 오전 7시나 되어야 집에 돌아갈 수 있었
기 때문에 결코 쉬운 일이 아니었다. 하지만 가족에게 피
해를 주지 않고 사역할 수 있다는 점이 나에게는 더할 나
위 없이 좋았다.

　철야 기도회는 200여 명을 수용할 수 있는 두란노홀
에서 진행되었다. 나는 그 장소가 꽉 차기를 기대했다. 그
런데 웬일인가! 철야 기도회 첫날, 상상 이상으로 엄청난
수의 사람들이 몰렸다. 두란노홀이 넘쳐 났다. 모인 사람
의 수가 500명이 넘었기에 할 수 없이 의자 사이사이에
자리를 깔고 앉을 수 있도록 조치했다. 급기야 문을 열어
놓고 문밖에 서거나 앉은 채 기도회를 진행했다.

　성도들이 이렇게까지 기도에 목말라 있었다니! 나는
가슴이 몹시 두근거리고 얼굴이 상기되었다. 교회는 기도
의 불이 꺼지지 않아야 한다는데, 철야 기도회 광경만 보

아도 우리 교회의 기도의 불은 절대 꺼질 일이 없겠다는
생각이 들었다.

> 아론과 그의 자손에게 명령하여 이르라 번제의 규례
> 는 이러하니라 번제물은 아침까지 제단 위에 있는 석
> 쇠 위에 두고 제단의 불이 그 위에서 꺼지지 않게 할
> 것이요 >>> 레 6:9

이를 계기로 교회에 본격적인 기도 사역이 시작되었
다. 온누리교회에 철야 기도회가 생겼다는 소식을 들은
사람들이 구름같이 모여들었다. 상황이 이렇게 되자 목사
님과 사역자들이 이 일을 위해 긴급 회의를 소집했고, 철
야 기도회 장소를 본당으로 옮기기로 했다. 섬기는 우리
는 몹시 긴장하며 만반의 준비를 했다. 밤새 기도하고 출
근하는 성도들을 위해 잠깐이라도 눈을 붙일 수 있도록
방들을 마련하고 이불들을 구비했다.

교회 본당은 1,500명 정도를 수용할 수 있는데, 두 번
째 철야 기도회 때는 본당이 가득 차는 은혜로운 역사가

일어났다. 성령의 불은 강력해서 다른 사람들의 마음에 순식간에 옮겨 붙었다. 이때 나는 신랑이 신부를 취하는 것을 가장 기뻐한 친구의 기쁨을 맛볼 수 있었다.

> 신부를 취하는 자는 신랑이나 서서 신랑의 음성을 듣는 친구가 크게 기뻐하나니 나는 이러한 기쁨으로 충만하였노라 >>> 요 3:29

몸이 고단하고 피곤해도 예배 가운데 찬양하고 말씀을 듣고 밤이 새도록 기도하는 것은 정말 신나는 일이었다. 그때만 해도 빔 프로젝터가 없어서 OHP(Over Head Projector)라는 기계를 이용해 찬양 가사 필름을 바꿨는데, 나는 그 일을 수없이 하면서도 지겹다는 생각이 들지 않았다. 말씀으로 풍성해진 마음 덕분에 잠을 설치고 새벽까지 섬기는 일이 즐겁기만 했다.

1년 동안 철야 기도회가 이어지면서 모두 행복했지만, 건강에 적신호가 켜진 사람들이 몇몇 있었다. 철야예배를 담당하던 목사님도 건강이 안 좋아져서 기도 사역 팀과 담당 목사님은 잠시 쉼을 가지기로 했다.

한편 예수제자학교가 활성화되면서 한꺼번에 몇 기수가 세워졌다. 그로 인해 여성 사역을 섬기는 헌신자들의 수가 부족해지면서 나는 여성 사역에서 담당하고 있는 서빙고 무릎 선교 기도 모임 팀장으로 세워졌다. 하나님의 은혜로 팀원들을 모으는 일에는 큰 어려움이 없었다. 다만 나 혼자 너무 앞서가거나 다른 사람들에게 지시와 명령을 일삼는 행동은 자제하려고 노력했다. 관계 훈련을 통해 개인주의가 아닌 공동체성을 갖기 위해 애썼다. 문제가 생기면 그 근본적인 원인이 나에게 있지는 않은지 살피고, 관계의 어려움을 극복할 수 있는 힘을 달라고 주님께 기도했다.

모임을 하다 보면 서로 부딪히고 상처를 받기 마련이다. 좌충우돌하며 생기는 문제들을 인간의 방법으로 푸는 것은 어리석다. 여러 가지 문제들을 놓고 기도하는 것이 가장 좋은 방법이다. 모이기에 힘쓰는 사람들은 시간이 지나면서 기도를 통해 서로를 받아들이고, 배려하고, 나와 다름을 이해하게 된다.

Tip
무엇을 하든지
작은 일에
충성해야 합니다

사역을 시작하면 항상 그곳에는 함께하는 사람들이 모이게 되어 있다. 다른 사람들과 함께하는 것은 상대방의 성격, 일하는 방식, 생각 등이 나와 다름을 인정하는 것에서 시작된다. 모든 것을 다 이해할 수 있다는 생각은 큰 착각이다.

신앙이 종교의 형태를 갖게 되면 인간이 만들어 놓은 규정들이 하나님의 말씀보다 앞선 판단 기준이 된다. 예를 들어, 사역할 때 서로 돕는 것이 좋다고 말하면 서로의 영역을 구분하지 않고 일을 해 나가는 사람이 생길 수 있다. '좋은 게 좋은 거다'라고 생각할 수도 있지만, 질서를 지켜야 하는 사역 범위에서는 그 영역에 있어 권위를 가진 사람에게 물어야 한다.

'내가 도와주려고 하는데 저 사람은 왜 저래?' 하는 마음이 생기면 다른 사람에게도 영향력을 미쳐 상대를 판단하거나 정죄할 수 있다. 서로의 생각이 다를 수 있음을 인정하고, 관계 가운데 오해나 추측을 하지 않고, 대화를 통해 풀 수 있는 방법을 고민해야 한다.

선한 마음을 갖고 시작한 일일 경우, 자신의 생각대로 되지 않거나 진심이 왜곡되면 상처를 받기 쉽다. 그러나 다른 사람들이 알아주지 않아도 내가 맡은 작은 일에 충성하자!

공동체는 서로가 신뢰하기까지 사귐의 시간이 필요하다. 일단 상대에 대한 믿음이 생기면 기질이나 성품대로 하는 일을 도우려고 할 것이다. 또한 언젠가 진심이 통하고 제대로 된 평가가 이루어져 사람들에게도 인정받고, 주님께도 영광이 될 것이다.

그리고 맡은 자들에게 구할 것은 충성이니라

>>> 고전 4:2

그 주인이 이르되 잘하였도다 착하고 충성된 종아 네가 적은 일에 충성하였으매 내가 많은 것을 네게 맡기리니 네 주인의 즐거움에 참여할지어다 하고

>>> 마 25:21

누구도 예외는 없다
: 나는 누구인가?

공동체는 서로 다른 사람들이 모인 집합체이기 때문
에 자신과 맞지 않는 사람들과 부딪히는 일이 당연히 일
어난다. 나 역시 마찬가지였다. 나의 고집과 편견, 거친
성격 등이 공동체에 드러나는 것은 시간문제였다.

내가 모임의 인도자로 세워져서 다른 사람들을 이끄
는 자리에 있었던지라 아무도 나의 말과 행동에 반기를
들지 않았다. 나 또한 그런 상황이 당연시 여겨졌고 불편
함을 잘 느끼지 못했다. 그러나 우리는 지독한 자기 사랑
으로 똘똘 뭉쳐 있는 사람들이라서 서로 깊이 알게 될수
록 불만도 쌓여 갔다. 묵상을 통해 자신의 내면을 들여다
보는 훈련과 기도를 하면서도 다른 사람들의 마음을 제멋
대로 상상하고, 추측하고, 부정적인 틀로 평가하기 시작
했던 것이다.

보통은 인도자의 판단과 결정을 신뢰하기 때문에 의
문을 갖지 않는다. 권위를 부여하고, 그 권위만큼 기대하
는 것이다. 그러나 시간이 지나면서 인도자의 연약함이

드러나고 공동체적으로 실수와 실패까지 경험하게 되면
인도자는 권위를 상실하거나 거절당하기 쉽다.

> "우리는 이스라엘 공동체와 같이 하나님의 말씀, 즉 언
> 약궤를 중심으로 진을 형성해서 구름기둥과 불기둥을
> 따라가야 합니다. 그렇기 때문에 말씀을 묵상하는 일과
> 기도하는 일은 우리가 날마다 성실히 해야 하는 의무와
> 책임입니다. 우리는 이제 하나님의 택하신 족속이요 왕
> 같은 제사장입니다. 거룩한 나라요 하나님의 소유가 된
> 백성입니다. 그러므로 이제는 어두운 데서 우리를 불러
> 내어 그의 기이한 빛에 들어가게 하신 이의 아름다운 덕
> 을 선전해야 합니다."

소그룹 기도 모임을 시작하고 얼마 되지 않아 하나님
이 우리 모임에 주신 비전의 말씀이다. 나는 묵상 중에 기
도 모임을 향한 하나님의 사랑으로 가슴이 저려 왔고, 이
말씀을 비전으로 삼아 모일 때마다 선포했다.

믿음은 점진적으로 자라난다. 우리는 지식을 풍성하게

얻지만, 그 지식이 믿음을 나타내지는 않는다. 어디서부터였는지는 모르지만 나는 한꺼번에 자라고 싶은 마음이 가득했다. 믿음의 가정에서 자라나지 못한 탓에 신앙생활이 늦었고, 그로 인한 조급함 때문에 언제나 아등바등했다. 그 불안과 조급증은 새벽 기도와 철야 기도를 통해 잠잠해졌다.

나는 믿음이 자라나는 과정에서 '분별'이 가장 어려웠다. 하나님의 말씀으로 명확하게 분별하는 일이 쉽지 않았다. 그렇다고 매번 도움을 요청할 곳도 마땅하지 않았다. 나는 한 모임의 인도자로서 눈앞에 놓인 일들을 책임지고 해결해야 했고, 그 과정 중에 미숙함이 드러났다.

우리는 인간 의존적인 성향이 강하다. 보이지 않는 하나님을 의지하는 것이 옳다고 생각하면서도, 실제로는 능력이 있어 보이는 사람을 의존하려 한다. 우리는 이러한 믿음의 한계를 뛰어넘어야 한다. 그러려면 서로 좌충우돌하는 가운데 솔직한 마음과 생각을 나눠야 한다.

사실 우리는 서로에게 잘 묻지 않는다. 관심과 집중이 자기 자신을 향해 있기 때문이다. 또 예의를 갖춘다는 이유로, 혹은 관계가 나빠지는 것을 원하지 않아서 껄끄러운 대화를 피하기도 한다. 그러다가 결국 시간이 흘러 관계가 끊어지고 교회 공동체가 와해되는 일이 비일비재하다.

　나는 소그룹 공동체에 대한 비전을 가지고 있었지만 팀원 각자의 믿음의 분량만큼만 공유될 수 있다는 안타까운 현실을 인정해야 했다. 믿음이라는 것이 일률적이지 않기 때문에 어떤 방법이 옳고 효율적인지 판가름하기가 어려웠다. 결국 나는 진리를 따라가려 하고 진리로 인해 변화되는 것은 하나님의 은혜로만 가능하다는 사실을 깨달았다.

Tip
팀 안에서
우열을 나누는 것
: 우리 중에 누가 큰 자입니까?

　우리는 우월과 열등을 나누는 일에 익숙하다. 공부를 잘하는 사람과 못하는 사람, 집안이 부유한 사람과 가난한 사람, 나이가 많은 사람과 적은 사람, 얼굴이 잘생긴 사람과 못생긴 사람 등 기준을 세워 나누기를 좋아한다.

　하나님의 손으로 지으심을 받은 우리는 아주 귀한 걸작들이다. 백화점 진열대에 놓인 상품들처럼 비교할 수 있는 존재가 아니다. 그럼에도 불구하고 우리는 우리 안에 뿌리박힌 고정관념 때문에 무의식적으로 우열을 가려 사람을 차별한다.

　우리는 주님의 십자가 사역을 기억해야 한다. 주님의 구원 역사는 우리 안에 성령님의 내주하심을 선물한 사건이다.

　성령님은 우리 안에서 주님의 말씀으로 주님의 인격과

성품을 나타내시고, 미래적 사역과 비전을 통해 우리를 영생으로 인도하시는 분이다. 또한 물이 포도주가 되는 본질적인 변화를 일으키는 강력한 힘을 가지신 분이다.

성령님의 조명은 매우 밝다. 성령님이 그 빛으로 말씀을 증거하시기 때문에 우리 안의 어둠이 낱낱이 드러나고 만다. 여기서 유념할 것은 성령님의 역사는 일방적이지 않다는 점이다. 우리의 의지가 반드시 작동해야 한다.

교회 인도자들은 세상적으로 우월한 사람들이 아니라 하나님이 섬김을 위해 세우신 사람들이다. 그래서 모르는 것도 있고 실수도 하면서 서로 맞춰 나간다. 교회 인도자는 무엇이든 잘해야 한다는 생각은 잘못되었다. 교회 안에도 실수를 용납하지 못하는 문화가 깊이 뿌리박혀 있는데, 이러한 인식은 하루빨리 사라져야 한다. 서로의 실수

와 실패를 보듬어 주고 용기를 낼 수 있도록 돕는다면 교
회 공동체는 한층 더 건강해질 것이다.

그러나 너희는 택하신 족속이요 왕 같은 제사장들이
요 거룩한 나라요 그의 소유가 된 백성이니 이는 너
희를 어두운 데서 불러내어 그의 기이한 빛에 들어가
게 하신 이의 아름다운 덕을 선포하게 하려 하심이라
>>> 벧전 2:9

진심이 없는 예절 바른 관계 안에서
수치를 드러내는 일: 정직하게 나누기

자라면서 몸과 마음에 익힌 교육의 효과는 대단하다. 동방예의지국인 대한민국은 어려서부터 예절을 중요시하기 때문에 다른 사람을 대하는 태도에 대한 교육을 철저히 한다. 언어에 존댓말이 존재해서 관계 안의 우월과 열등을 나누는 것이 자연스럽다. 예를 들어, 나이의 많고 적음으로 생기는 상하 관계를 당연하게 받아들인다. 이러한 가치관 때문에 교회 안의 '동역'이라는 단어가 우리에게는 무척 이해하기 어렵게 다가온다. 동등한 관계에서 열린 마음으로 소통하는 일이 쉽지 않은 것이다.

나는 한때 미군으로 일하신 아버지와 상해 출신의 어머니 사이에서 태어나 자신의 생각을 자유롭게 표현하는 가정환경에서 자랐다. 그런데 학교에 들어가 관계의 어려움을 겪고 왕따를 당하면서 당황하기 시작했다. 사람들은 자신과 다른 의견을 거침없이 표현하거나 상대방의 잘못을 솔직히 말하는 것을 싫어했다. 입을 닫고 묵묵히 기다려 주는 것이 예의라고 생각하는 사회에서 나는 혼란스러웠다.

교회도 마찬가지였다. 성도들은 주님의 말씀 가운데 서로 조언하고 권면하는 것을 꺼렸다. 괜한 말을 했다가 관계가 더 어색해지고 안 좋아질 것을 우려해 다들 말조심을 하는 분위기였다. 그러나 나는 겉으로는 예의를 갖춰 행동하고 좋은 관계처럼 보이는 사이일지라도 뒤에서는 비판과 정죄를 일삼는 모습을 많이 보았다.

나는 예수님의 인격과 성품을 닮고 싶었다. 그러나 그렇게 되는 데는 많은 시간이 필요했고, 지금도 여전히 미숙한 것들 투성이다. 자기 합리화와 변명, 그리고 자기 연민으로 하나님을 설득하는 내용이 기도의 대부분이었던 나는 고민하기 시작했다.

'어떻게 하면 위선과 가식을 벗고 정직한 마음으로 기도하고 하나님을 만날 수 있을까?'

나는 내 마음을 표현하는 첫 시작이 '하나님 앞에서'라는 사실을 깨닫고 기도의 자리에서 정직을 연습했다. 또한 실제적으로 내가 해야 할 일들이 무엇인지를 생각했다.

사실 내 마음을 자세히 들여다보는 것은 무척 괴로운 일이었다. 나 자신을 있는 그대로 바라보고 하나님 앞에서 벌거벗겨진 상태로 서 있는 일은 수치스럽고 부끄러웠다.
더군다나 교회 사역 팀의 인도자로 섬기는 내가 팀원들
앞에서 미성숙한 모습을 보일 때면 더 절망적이었고, 지금
까지 쌓아 온 모든 것이 무너지는 느낌이 들었다.

Tip
공동체 안의 누구든지
시행착오의 시간을
용납해주어야 합니다

영적 무지는 하나님의 말씀에 대한 무지다. 이 경우 열정은 있지만 잘못된 방향으로 가기 쉽다. "주의 말씀은 내 발에 등이요 내 길에 빛이니이다"(시 119:105)라는 말씀은 우리가 걸어가야 하는 삶의 방향이 하나님의 말씀에 있다는 사실을 우리에게 알려 준다.

처음 신앙의 열정을 가진 사람들은 자기 소견에 옳은 대로 충성과 섬김을 시작한다. 그러다가 다른 사람과 부딪히면 억울해한다. 그러나 주님이 원하시는 공동체적 방향을 찾아 함께 나아가는 것이 세상과 구별된 교회 공동체의 몫이다. 세상의 선함과 하나님의 말씀에 입각한 선함은 엄연히 다르다.

섬김은 좋은 것이다. 하지만 우리는 하나님의 말씀을 기준으로 하나님이 주신 달란트대로 하나님을 섬겨야 한다. 헌금은 좋은 것이지만, 그 마음의 순전함을 살피는 것 또한 우리가 할 일이다. 보이는 행동보다 속마음이 깨끗해야 하는 것이다.

하나님의 말씀대로 움직이고 주님이 주시는 넓은 마음으로 사역에 동참할 때까지는 오랜 시간이 걸릴 수 있다. 하지만 너무 조급해하지 말자. 우리는 결과물을 가지고 평가하지만, 하나님은 결과물이 나오기까지 거치는 과정도 매우 중요하게 여기신다.

너희가 진리를 순종함으로 너희 영혼을 깨끗하게 하여 거짓이 없이 형제를 사랑하기에 이르렀으니 마음으로 뜨겁게 서로 사랑하라 >>> 벧전 1:22

각자가 다른 방향으로
: 다른 것이지 틀린 것은 아닌데!

중학생이 될 때까지 나에게 예수님을 믿는 것에 대해 이야기해 준 사람이 아무도 없었다. 나는 성인이 되어서야 성경을 읽고 하나님에 대해 조금씩 알아 갔으며, 성령님의 임재를 맛보는 기쁨도 아주 뒤늦게 경험했다.

나는 어디서든 예배를 통해 들은 말씀을 가슴과 머리에 새기려 애썼다. 그래야 다른 사람들과 나눌 수 있다는 생각에서였다. 그런데 이런 내 모습이 다른 사람들의 눈에는 혼자만 은혜를 받으려고 집중하는 듯 보였던 것 같다.

내가 예배 시간이나 기도 시간에 다른 사람들은 안중에도 없고 혼자만 은혜의 강물에 빠져 있는 모습이 이상하다는 말을 들은 후 큰 충격을 받았다. 내가 먼저 은혜받아야 다른 사람들과 나눌 수 있다고 생각한 것이 잘못된 방법이었던 것이다. 서로 다른 이들이 모여 아름다운 공동체의 모습을 이루어 나가는 것은 참으로 어렵고 힘든 일이다.

내가 인도하는 소그룹 기도 모임 팀원들은 성격 유형

검사인 MBTI와 기질 검사를 통해 서로가 다르다는 것을 조금씩 인정하기 시작했다. 처음 검사를 할 때는 검사 내용이 잘 이해되지 않았지만, 모일 때마다 왜 서로가 다른지 대화하며 받아들이려 노력했다.

그러나 검사 때문에 일어난 오류도 만만치 않았다. 우리의 이성은 각자의 틀을 만들어서 그 틀에 상대를 맞추기 원한다. 그러면 또 하나의 강력한 틀이 생겨나 상대를 그 틀에 끼워 맞춰 판단하고 비판할 수 있다. 마음이 넓어지지 않으면 이러한 검사가 유익을 주기보다 공동체를 더 혼란에 빠뜨릴 수 있다는 것을 경험했다.

우리는 서로 혼란스러운 시간을 그대로 지내 보기로 결정했다. 2년마다 한 번씩 검사를 했고, 자기중심적인 생각에서 상대의 성품과 기질을 이해하는 방향으로 차츰 옮겨 가기 시작했다. 서로에게 항상 좋은 모습만 보일 수는 없다. 그것은 일종의 가식이다. 공동체로 만나서 자신의 마음을 보여 주지 못한 채 거룩한 척 말씀만 나누고 헤어지면 진정한 은혜를 누리지 못한다. 또한 모난 우리의 마음을 정으로 쳐서 다듬을 수 있는 기회도 사라지고 만다.

기도 모임 가운데 개인 기도를 드리면 나 자신을 말씀에 비추어 보게 되고, 혼돈과 공허를 경험하게 된다. 나를 가득 채우고 있는 이기심과 욕심을 버리고 하나님의 말씀으로 채우기까지 내면과 싸우는 일이 반복된다.

성령님은 예수 그리스도가 지신 십자가의 빛으로 모든 일을 파악하게 하셨다. 진정한 예배가 드려지면 주님을 닮을 수 있는 힘과 능력이 주어진다는 사실을 알게 하셨다. 옛 사람의 죄 된 습관이 드러나고 주님 앞에서의 회개 기도를 통해 거듭나게 하시는 주님의 능력을 경험하는 삶, 이것이 우리가 기도해야 할 명분이다.

내 마음 들여다보기는
정직한 기도의 시작입니다

———————•———————

자기자신을 변호하려는 이기적인 마음은 누구나 갖고 있다. 이러한 마음은 개인 기도를 드리면서 자신이 얼마나 이기적이고, 정욕적이고, 공격적인지를 경험해야 알 수 있다.

이성과 지식만으로는 이 일을 경험할 수 없다. 하나님 말씀의 토대 위에 서 있는 지각이 작동해야 한다. 모든 상황 속에서 자신의 잘못을 찾으려는 마음이 조금도 없으면 상대를 탓하거나 하나님을 원망하는 것으로 결론이 나기 쉽다.

어떤 상황에서도 관계에 대한 배려를 바탕으로 생각하는 훈련을 하면 자신의 잘못을 회개하고, 상대방의 실수와 오해를 넓은 마음으로 이해할 수 있게 된다.

개인 기도의 자리는 자신이 원하는 상태로 되기 위해

기도하는 자리가 아니다. 하나님의 뜻을 발견하고 그 뜻대로 되기 위해 자아의 죽음이 일어나는 곳이다.

우리는 왜곡된 예의범절을 강조하며 자신의 진실된 마음을 숨기고 좋은 말만 하는 사회에 살고 있다. 그리스도인이 되는 것은 곧 하나님 앞에서 자신의 모습을 적나라하게 내놓는 것이다. 그러므로 정직한 기도가 필수다.

우리는 자신의 마음을 들여다보는 것보다 다른 사람들의 시선을 의식하는 것이 더 중요한 인본주의 신앙이 자리 잡은 현실 속에서 보이지 않으시는 하나님과의 친밀한 사귐을 중요하게 생각해야 한다. 우리는 하나님 앞에서 정직한 기도를 해야 한다. 정직한 마음을 쏟아 놓는 것이 주님과의 친밀함이 보장되는 첫 단계임을 잊지 말자.

정직한 자들에게는 흑암 중에 빛이 일어나나니 그는
자비롭고 긍휼이 많으며 의로운 이로다 >>> 시 112:4

chapter 2

소그룹 안에서의 진통
: 우리는 왜 이렇게 다를까?

하나님을 찾는 도구

소그룹 안에서의 진통은 소그룹이 성장하는 과정 중에 필요하기도 하고, 당연하게 일어나는 일이기도 하다. 그러나 누구든지 진통이 올 때는 아우성을 치고 해결사를 찾는다. 본래 기도는 무엇인가를 해결하기 위해 하나님을 찾는 도구다.

나는 일찍이 아버지를 여의었고, 남편과의 관계가 좋지 못해 소외감을 느꼈으며, 경제적인 여유가 없어 자존심 상하는 일이 빈번했고, 아이들의 미래를 생각하면 한숨이 절로 나왔다. 그래서인지 하소연할 대상이 하나님밖에 없었다. 기도의 자리에 앉기만 하면 눈물이 하염없이 쏟아졌고, 설움에 북받쳐 울부짖을 때가 많았다. 말씀을 붙들고 기도해야 한다는 것은 한참 지난 후에야 깨달았다. 기도가 '나의 뜻을 관철시키는 목적'에서 '하나님의 뜻을 이루기 위한 것'으로 변화되기까지 나의 욕심을 십자가에 수없이 못 박았다.

우리는 기도 모임을 하면서 선한 마음으로 기도하고 그리스도인의 양심을 갖고 살기 위해 애썼다. 하지만 주님의 말씀에 우리의 모습을 비추어 볼 때마다 우리의 속된 마음을 발견했고, 나약하고 죄 된 심성이 여전히 살아 있음을 느꼈다. 이를 인정하는 데도 많은 시간이 걸렸다. 눈에 익숙한 모습은 금방 발견했지만, 마음을 제대로 살피는 일에는 매우 둔감했다.

소그룹 안에서 겪는 진통이 해결되지 않고 오랜 시간이 흐르면 다들 지쳐서 더 이상 그 일에 대해 이야기하지 않게 되었고, 스스로 마음을 닫았다. 어느 누구도 자신의 고통과 아픔에 대해 나누지 않게 되었을 때 기도 모임은 존재의 빛을 잃어 갔다.

Tip
개인 기도에서
정직한 언어가
기도의 능력을 힘있게 합니다

언어는 생각과 마음을 표현하는 수단이다. 우리나라는 인내와 절제된 언어, 정적인 삶을 요구하는 문화가 강하다. 여성에게는 특히 그렇다. 중보 기도자의 80% 이상이 여성인데, 이러한 문화는 하나님 앞에서 자신의 마음을 털어놓는 일이 먼저 일어나야 하는 모임에서 정직한 기도를 어렵게 만들었다.

우리는 시편에서 기도를 배울 수 있다. 시편은 한 인생이 하나님 앞에서 자신의 솔직한 감정과 생각을 쏟아낸 기도의 언어로 이루어져 있다.

특히 다윗의 시에는 사울을 향한 원망이 적나라하게 담겨 있다. 비참한 자신의 처지를 슬퍼하는 마음, 욕심과 정욕으로 가득 찬 마음 등이 가감 없이 표현되어 있다. 하지만 결국 모든 것이 하나님의 손에 있으며, 주님께 주권을 내어 드리겠다는 순종의 모습을 발견할 수 있다. 그리고 하나님이 부어 주시는 지혜와 깨달음으로 자신의 마음을 돌이키고, 하나님이 자신을 지키시고 보호하실 것이라는 확신으로 가득하다.

우리가 감정이나 의지를 솔직하게 표현한다면 성령님이 우리 안의 비뚤어진 의지나 감정을 바로잡아 주실 것이다.

우리의 연약함과 죄악을 씻어 주시는 가장 중요한 존재가 있다. 바로 예수님이시다. 그분은 매일 진흙탕 같은 세상에서 뒹구는 우리를 깨끗하게 씻겨 주시고 십자가 보혈의 은혜를 부어 주시는 분이다. 어두운 마음의 상태를 정직하게 고백해 보라. 그러면 예수님이 회개의 마음을 주셔서 죄와 허물에서 돌이키게 하시고 거룩한 마음이 임하게 하실 것이다.

중보 기도자는 소그룹 기도 모임을 하기 전에 개인 기도로 하나님의 거룩을 힘입는 것이 유익하다. 이는 주님의 충만한 은혜를 담을 수 있는 깨끗한 그릇을 준비하는 일이다.

> 나의 죄악을 말갛게 씻으시며 나의 죄를 깨끗이 제하소서 >>> 시 51:2

> 내게 무슨 악한 행위가 있나 보시고 나를 영원한 길로 인도하소서 >>> 시 139:24

너무나도 다른,
다양한 사람들이 모인 소그룹

《화성에서 온 남자 금성에서 온 여자》(Men are From
mars, Women are from Venus, 동녘라이프 역간)라는 책이 있다. 이
책의 제목은 남성과 여성이 전혀 다른 기질을 가졌음을
비유적으로 표현했다. 그런데 비단 남자와 여자만 다르겠
는가? 같은 남성, 같은 여성이어도 각자 성격이 다르기에
우리는 관계의 어려움에 부딪힌다.

2004년으로 거슬러 올라가 기도 모임이 크게 부흥했을
때의 일이다. 한 기도 모임당 30명이 모였는데, 말씀 묵상
과 기도 제목을 나누는 것만으로도 시간이 턱없이 부족했
다. 기도하러 와서 이야기 한번 제대로 못하고 가는 사람
들도 많았다. 나는 '하나님이 우리의 기도 모임을 보고 기
뻐하실까?'라는 의문을 갖기 시작했다. 그래서 소그룹 기
도 모임은 몇 명이 적당할까 생각하다가 최소 2명에서 최
대 7명이 적절하다는 판단을 했다.

그런데 기도 모임을 하면서 또 다른 문제가 생겼다. 마
음을 열어 어렵게 털어놓은 이야기들이 의도하지 않게 교

회 안에서 돌아다녔던 것이다. 서로에 대한 신뢰를 바탕
으로 이야기했는데, 그것이 부메랑이 되어 돌아오는 일을
겪자 사람들이 상처를 받았고 배신감을 느끼기도 했다.

 기도 모임에서 '네 편, 내 편'에 대한 생각을 나눈 적
이 있다. 대부분의 사람들은 무조건적으로 믿어 주는 것
이 '편'이라고 했다. 그렇다. 누군가의 편이 되어 주는 것
은 그 사람의 약점과 단점을 보완해 주고, 강점과 장점을
강화해 주는 것이다.

 기도 모임을 시작하고 한참 동안은 서로의 신상에 대해
묻지 않았다. 기도 모임의 목적만 생각하며 오롯이 하나님
께 집중하기를 원했기 때문이다. 모임에 임하는 사람들 모
두 시간 약속을 철저하게 지켰고, 순수하게 기도 제목을
놓고 기도했으며, 개인의 삶을 나누지 않은 채 헤어졌다.

 이렇게 모임을 지속하다 보니 인도자의 돌봄이 필요
한 사람들이 하나둘씩 눈에 띄었다. 나와 다른 사람들이
지만, 그들을 이해하기 위해 내가 먼저 다가가야겠다는
마음이 들었다. 서툴게 다가갔다가 오해를 하거나 거부감
을 표현한 때도 있었다. 하지만 이야기를 나누지 않으면

상대방의 마음을 알 수 없기 때문에 나는 시행착오를 겪으면서도 포기하지 않았다. 나와 다른 생각을 갖고 있는 이들의 이야기에 귀 기울이다 보니, 그것이 틀린 생각이 아니라 다른 생각임을 진정으로 깨닫게 되었다.

기도 모임을 시작한 지 몇 년이 지나서 우리는 중보 기도 훈련을 받기 시작했고, 그곳에서 실행하는 MBTI 검사와 기질 검사를 통해 우리가 얼마나 다른 사람들인지를 명확하게 알게 되었다. 모든 모임을 시작하기 전에 반드시 검사를 해야 하는 것은 아니지만, 서로를 이해하는 데 좋은 방법이라는 생각이 들었다.

우리는 상대방과의 차이를 인정하고 싶어 하지 않는다. 나와 의견이 같기를 바라고, 나와 다른 부분은 같게 고치려고 한다. 나와 계속 평행선을 긋는 사람은 편을 갈라 적대시하기도 한다. 이런 본성을 이겨 내고 상대방을 열린 마음으로 받아들이려는 노력을 끊임없이 해야 한다.

우리는 기질 검사를 통해 성격을 '감정형'과 '사고형', '내향형'과 '외향형' 등으로 분류할 수 있다는 것을 알게 되었다. 내가 인도하는 기도 모임에는 다양한 성격 유형이 골고루 섞여 있다는 것도 알게 되었다.

어떤 사건에 대해 '감정형'은 자신의 감정을 풍부하게 드러내면서 이야기했고, '사고형'은 매우 침착하고 차분하게 객관화된 입장에서 이야기했다. '내향형'은 말을 하기보다 글로 표현하는 것을 좋아했고, '외향형'은 자신의 감정과 생각을 거침없이 표현했다. 대체적으로 '감정형'과 '내향형'은 피해 의식이 강했고, '사고형'과 '외향형'은 다른 사람의 감정에 상처를 주는 가해자가 되기 십상이었다.

나는 이렇게 다른 성향을 가진 사람들이 서로를 잘 이해하기 위한 방법으로 '짝 기도'를 시작했다. 서로 짝이 된 사람들끼리 소소한 이야기를 나누며 상대방을 알아 가고 받아들이는 훈련을 하게 한 것이다. 이는 소그룹 기도 모임을 더 풍성히 하는 데 큰 도움이 되었다.

Tip
MBTI 검사와 기질 검사는
다른 사람들을 이해하기 위한
검사입니다

우리는 늘 자기중심적으로 생각하고, 다른 사람도 나와 생각이 같을 것이라고 여길 때가 많다. 그리고 그것이 남을 판단하는 잣대가 되어 비판과 정죄를 일삼게 된다. 그렇기 때문에 나의 기질을 제대로 알고, 다른 사람을 이해하기 위한 노력이 필요하다. MBTI 검사나 기질 검사는 나를 객관적으로 아는 데 도움을 준다. 한 번의 검사만으로는 정확한 결과를 얻기 어려우므로 시간을 두고 반복적으로 검사하는 것이 좋다.

이러한 검사를 하는 목적은 성품이나 기질을 틀에 박힌 유형으로 나누는 것이 아니라 내 자신을 객관적으로 바라보고, 나에게 있는 약점이나 단점은 보완하고 강점이나 장점은 강화하기 위해서다.

그런데 삶의 나눔 없이 상대를 이해하기란 쉽지 않다.

자신의 성향과 생각 등을 표현하는 일은 묵상 나눔과 밀접한 관계가 있다. 소그룹에서 묵상을 나누는 일이 잘 훈련된 사람은 진리의 말씀을 토대로 자신을 표현하는 방향으로 언어가 달라진다. 그 언어는 기도의 언어로 이어져 하나님 앞에서 자신의 생각과 의견을 정직하게 말하고, 말씀을 근거로 하나님의 음성을 듣게 한다.

아무 일에든지 다툼이나 허영으로 하지 말고 오직 겸손한 마음으로 각각 자기보다 남을 낫게 여기고

>>> 빌 2:3

소그룹 안에서의 소통 문제
: 서로 구음이 다르다는 것은?

소그룹은 '가족이 되는 일을 연습하는 곳'이라고 해도 과언이 아니다. 오직 하나님의 뜻을 위해 기도하기로 결단한 사람들이 그 뜻만 있으면 저절로 하나가 될 수 있다는 막연한 믿음으로 모이는 곳이 소그룹이다.

교회에서는 이를 여러 모양으로 확장하기 위해서 구역이나 다락방, 순, 목장, 셀과 같은 소그룹을 만들어 준다. 이때 교회에서는 소그룹을 행정적으로 나눌 수밖에 없다. 따라서 우리는 자신이 속해 있는 소그룹에서 하나님의 말씀에 순종하며 자신의 정과 육을 십자가에 못 박는 일을 반복하게 된다.

나는 소그룹 기도 모임 팀원들의 성격이나 인격을 경험하고 삶의 배경 등을 들으면서 나와 다른 사람들을 파악하는 데 힘썼다. 소통의 문제가 해결되기까지는 꽤 오랜 시간이 걸렸다. 같은 대한민국 사람임에도 불구하고 서로 전혀 다른 언어를 쓰는 것처럼 말이 통하지 않을 때가 많았다. 마치 구음(口音)이 다른 이방 족속 같다고나 할

까? 우리는 다양한 검사를 하며 소통의 문제를 해결하자
고 마음을 모았다. 가령 '감정형'과 '사고형'의 두 사람이
대화를 하면서 서로의 입장을 받아들이는 식이었다.

> 감정형: "저는 뭔가를 말하려고 하면 눈물부터 나요."
>
> 사고형: "눈물을 보이면 말을 할 수가 없잖아요. 꼭 말하
> 는 제가 가해자가 되는 것 같아요."
>
> 감정형: "저는 감정이 먼저 올라오기 때문에 일단 눈물
> 부터 흘리고 나면 마음이 진정되어 말하기가
> 쉬워져요."
>
> 사고형: "그렇다면 제가 시간을 두고 기다려야 하는데,
> 앞에서 울고 있으면 마음이 힘들어져요."
>
> 감정형: "그러면 제가 미리 기도하면서 울고 올게요."
>
> 사고형: "저도 상대의 마음을 이해하고 배려하려고 애써
> 볼게요."

언젠가 나눔을 할 때였다. 나는 '편'이라는 개념을 전에
배운 지식에 근거해 정의했는데, 팀원들의 생각은 달랐다.

"편이 되는 것은 나와 함께한 사람의 약점과 단점을 보
완해 주고, 강점과 장점을 강화해 주는 것이라고 생각합
니다."

"편이란 무조건 내 말과 내 생각을 지지해 주는 것을 말
하지 않나요?"

"서로 누가 옳은가가 중요한 것이 아니라, 어떻게 하면
하나님이 기뻐하시는 일을 할 것인가가 제일 중요하지
않을까요?"

　서로 다른 마음이 모아지기까지 시간이 필요했다. 인
식적인 사람들은 상황이나 마음이 이해되면 전환이 일어
나지만, 판단적인 사람들은 자신의 판단이 옳거나 그르다
는 것을 증명할 수 있는 지식이나 법이 있어야 한다. 가장
옳다고 생각하는 법을 갖고 있기 때문에 그것이 판단의
잣대가 되고, 그 틀 안에서 정의를 내리게 되는 것이다.

　판단이 급속히 진행되는 사람들의 경우 대부분 공부
를 잘하고, 많은 법 중에서 대중을 움직일 수 있는 보편적
인 법의 문구들을 어느 때든지 제시할 수 있다. 이에 반해

인식적인 사람들은 인식하는 방법이 그때그때 다르고 기
준이 없어서 자유롭게 생각하는 것처럼 보일 수 있다.

두 부류 다 나름대로 장점과 단점, 강점과 약점을 갖
고 있다. 그렇기 때문에 서로 다른 우리는 상대를 보완해
주는 역할을 감당해야 한다. 아는 것은 시작일 뿐이다. 아
는 것을 행동으로 옮기는 일은 자신을 쳐서 주님께 복종
시키는 기도가 병행되었을 때 가능해진다.

이 사실을 알고 나서 우리가 택한 소통 방법은 성경의
동일한 말씀을 묵상하고 나누는 일이었다. 누구나 자신
만의 방식을 갖고 있다. 말하는 방식, 옷 입는 방식, 물건
을 사는 방식, 음식을 선택하는 방식, 모양을 내는 방식,
기도하는 방식, 묵상하는 방식, 나누는 방식이 다 다르다.
그런데 우리가 묵상을 나눌 때의 언어는 하나님의 뜻을
분별하는 것에 맞추어진다. 그래서 가장 쉽게 알아듣고
나눌 수 있는 언어의 형태가 된다. 이 수준에 이르기 위해
서는 부단한 노력이 필요하다. 팀원들이 묵상을 잘 나눌
수 있도록 인도자가 잘 이끌어야 한다.

나는 이를 위해 새벽 기도회에 나가 목사님이 묵상하

신 말씀을 꼼꼼히 들었고, 개인적으로 날마다 묵상하는 훈련을 했다. 다양한 성경 본문의 해석을 살피고 앞뒤 문맥을 파악하며 묵상의 깊이를 더했다.

이렇게 우리는 묵상 나눔을 반복하면서 점점 상대의 언어 표현을 잘 알아듣게 되었고, 성경을 깊이 묵상하며 서로에게 은혜가 되는 영향력을 주는 기도 모임으로 거듭났다.

Tip

상대방이
무엇을 표현하는지 모를 때는
질문을 해야 합니다

소통은 쌍방적인 것이다. 같은 언어일지라도 개인마다 사용하는 말의 의미에 미묘한 차이가 있고, 각자의 뉘앙스가 있는 법이다.

A가 모임에 꽃을 가져왔다고 가정해 보자. 그 꽃을 본 B가 "꽃을 보면 마음이 환해지고 천국에 대한 소망이 생깁니다"라고 말하자, C가 "아휴! 꽃은 볼 때는 예쁜데, 시들어 버리면 처치 곤란이에요"라고 반응했다. 그 옆에 있던 D는 "그냥 보세요. 얼마나 예뻐요"라고 말했다. 그런데 정작 그들 중에는 A가 왜 모임에 꽃을 사 왔는지를 궁금해하는 사람은 없었다. A는 늘 부정적이고 산만한 C가 정서적으로 안정을 취하기를 바라는 마음에 향기 좋은 꽃을 가져온 것이었는데 말이다.

우리는 기도하면서도 하나님의 뜻을 잘 묻지 않는다.

그래서 하나님과 소통이 잘 이루어지지 않을 때가 많다. 자꾸 물으면 하나님은 말씀으로 깨닫게 하시고, 경험하게 하신다.

중요한 것은 매일의 묵상과 기도를 통해 하나님의 언어에 익숙해져야 한다는 사실이다. 성경의 언어로 표현하는 것이 풍성해지면 사람과 소통이 잘될 뿐만 아니라 주님의 말씀을 적재적소에 사용할 수 있게 되어 다른 사람들을 권면하고, 위로하고, 안위하는 은사가 발휘된다.

자신에게도, 다른 사람에게도, 하나님께도 열심히 듣고 질문하자. 질문을 잘하는 사람이 경험하는 소통은 관계를 생각 이상으로 친밀하게 만든다. 친밀한 관계가 되면 마음을 터놓고 모든 것을 말할 수 있다.

우리가 보고 들은 바를 너희에게도 전함은 너희로 우
리와 사귐이 있게 하려 함이니 우리의 사귐은 아버지
와 그의 아들 예수 그리스도와 더불어 누림이라 우리
가 이것을 씀은 우리의 기쁨이 충만하게 하려 함이라

>>> 요일 1:3-4

chapter 3

비로소 자신의 모습이 드러날 때
: 마음에 찔려…

말씀 묵상과 기도로
나를 찾으라

내 안의 어둠은 스스로 발견하기 어렵다. 실제 어둠이 있다 해도 인정하게 되지도 않는다. 이런 본성 때문인지 나는 묵상을 하면서 괴로워지기 시작했다.

처음에는 성경을 전혀 모르는 상태였기에 내용을 해석하는 데 집중했다. 성경에 대한 지식이 늘어 갈수록 신이 나고 재미있었다. 그러다가 어느 날 말씀이 빛이 되는 경험을 했다. 혼자서 말씀을 읽다가 눈물이 나면서 어떤 사건이 떠올랐고, 그 사건에 대해 해석이 되면서 회개가 터졌다. 참으로 놀라운 일이 아닐 수 없었다. 하나님의 말씀은 내가 일상에서 삶의 의미를 잃어 갈 때 소망을 주었고, '내가 지금부터 신실하게 믿는다고 해도 하나님이 언제쯤 나를 복되게 해 주실까?' 하며 모든 것을 포기하고 싶어 했던 나를 일으켜 주었다.

내가 묵상하고 기도하는 목적은 괴로운 일상에서 벗어나기 위해서였고, 거의 몸부림에 가까웠다. 나는 늘 물질과 건강, 앞날의 형통과 자녀들의 평탄을 위해 기도했다. 거의 치성을 드리는 사람처럼 매일매일 두 손 모아 빌었다. 때때로 나의 욕심이 너무 커질 때는 세상으로 달아났다. 하나님께 순종하기 위해 나를 죽이고 다스리는 시간이 필요하다는 핑계였지만, 결국 나는 나를 이길 힘이 없었다. 나의 인간적인 지혜로 행하려 했던 모든 일은 헛된 것이었다. 하나님의 뜻을 알 수 없어 더 답답했다. 성경 말씀을 읽고 듣기를 계속해도, 하나님의 뜻을 아는 일은 실제 상황을 겪지 않으면 안개 속을 걷는 듯 막연하고 희미하기만 했다.

말씀 묵상은 말씀을 읽어서 해치우는 일이 아니다. 나는 말씀으로 어제의 일을 비추어 보고, 삶 속에서 주님을 닳지 못한 부분들을 찾아내 회개하고, 다시 말씀에서 도전과 소망을 찾아 살아갈 힘을 얻는 것이 묵상이라는 결론을 내렸다.

기도 모임에서 기도만 해서는 끝내 흩어질 수밖에 없다. 공동체에는 사귐이 있고, 사귐 속에서 관계 훈련이 시작된다. 자기중심적인 자아가 다른 사람들을 깊이 받아들이게 되는 것과 함께 기쁨을 누리게 되는 일은 자신의 이기심과 정욕을 어느 정도 내려놓아야 가능해진다.

기도 모임에 나오는 사람들은 자신의 내면을 솔직하게 드러내는 일에 익숙하지 않다. 자기 가정의 고통과 아픔을 나누는 것을 수치스럽게 생각하는 경우도 있다. 사탄은 교회의 소그룹 공동체를 무너뜨리기 위해 불철주야 일한다. 서로를 불신해 기도 제목을 나누지 못하게 방해하고, 기도 제목을 순수하게 바라보지 않고 인간적으로 판단하게 만들며, 분리와 경쟁과 다툼으로 함께 기도하지 못하게 끊임없이 괴롭힌다.

우리는 깨어 있어야 했다. 기도 모임이 진행될수록 이상한 일들이 생겨났다. 두세 사람이 자신의 권위와 위치

를 인식시키고 싶어 해서 인도자를 돕는다는 명분 아래
자신의 권위로 기도 모임을 혼란에 빠뜨렸다. 그들은 영
향력 있는 리더십도 갖고 있었다.

　자신의 마음을 들여다보지 않으면 다른 사람들보다
자신이 선하고 옳다고 생각하게 된다. 말을 잘하면 더 드
러나지 않는다. 항상 옳은 말만 하기 때문에 저항하기 어
렵다. 그러나 그 안에는 사랑과 믿음이 없으며, 베푸는 은
혜가 적다.

　사실 누구나 그런 과정을 거치기 마련이다. 우리는 묵
상과 기도 가운데 주님의 사랑을 배우고 실천하게 되는
데, 그렇게 되기까지는 시간이 필요하고, 개인적인 영성
이 자라나야 한다.

　나 역시 의인과 악인 사이를 넘나들었다. 주님의 뜻에
순종할 때는 의인의 모습으로, 내 뜻을 관철하고자 욕심
을 부리거나 이기심으로 가득 차서 사랑할 수 없을 때는
악인의 모습으로 이중적인 삶의 모습을 드러냈던 것이다.
내 모습이 적나라하게 드러나는 것이 부끄러웠다. 하지만
공동체에는 우열이 없고, '누가 주님 앞에 더 엎드려 겸손

해지는가?' 하는 문제가 영성의 차이를 만들어 낸다는 사
실을 알게 되었다.

지금까지도 기도 모임의 인도자로 섬기고 있는 나는
함께 모일 때마다 서로를 긍휼히 여기자고 말한다. 마음
에 들지 않는 사람이 있는 것은 당연하고, 서로가 미숙한
신앙의 형태를 갖고 있기에 일어나는 일이라고 이야기해
준다. 우리는 묵상과 기도를 통해 말씀의 빛 앞에서 자신
의 적나라한 모습을 발견할수록 서로를 포용하고, 사랑하
며, 긍휼히 여기는 마음을 가질 수 있다.

성경을 보면, 마음에 찔리는 것에 대해 두 가지 반응
이 나타나는 것을 알 수 있다. 하나는 마음에 찔려 회개하
는 것이고, 또 하나는 마음에 찔려 이를 가는 것이다. 둘
중 어느 쪽을 선택하느냐는 각자의 몫이다.

Tip

개인 기도로 공동체 안에서 겪는
고난을 극복할 수 있습니다
: 왜 기도하지?

인생에서 고난을 겪은 사람은 교회 안에서 일어나는 일들에 대해 예민하게 반응하지 않고 수용하는 모습을 보인다. 그러나 인생의 고난을 전혀 겪지 않은 채 교회 공동체로 들어온 사람의 경우 '사역적 고난'을 겪게 된다. 그는 누구에게도 지적당해 본 일이 없고 실수를 경험한 일이 적기 때문에 교회 공동체 안에서 다른 의견을 가진 사람들과 부딪히고, 부정적인 소리를 듣거나, 관계에서 실수를 하면 당황하고 괴로움에 빠진다.

우리는 관계의 훈련을 통해 자신의 모습을 객관적으로 보게 된다. 일하는 방식이 다르기 때문에 자신과 맞지 않는 사람을 못마땅하게 여기는 사람, 요리조리 피하며 꾀를 내는 사람, 두려움이 많아서 아무것도 하지 않는 사람, 불평이 많은 사람, 묵묵히 잘 섬기는 사람 등 다양하다.

좋은 모습과 좋지 않은 모습이 동시에 드러날 때는 서로 비교하게 되고 관계의 어려움을 겪게 되는데, 이때 우리가 나아가야 할 자리는 기도의 자리다. 우리는 축복받을 때보다는 고난당할 때 기도의 자리로 나아간다. 그러나 언젠가 주님의 손에서 영원한 만족을 맛본다면 기도가 하루의, 나아가 삶의 최우선순위가 될 것이다.

만남은 축복이지만, 우리는 그 관계 속에서 주님의 지혜를 가지고 즐거움과 선한 일을 도모하려고 애써야 한다. 하나님을 제쳐 놓고 하는 모든 일은 헛되다. 진정한 고난은 하나님과 함께하지 않음에서 온다. 공동체 안에 관계의 어려움이 있다면 가장 먼저 해야 할 일은 하나님과 올바른 관계를 맺는 것이다.

고난당한 것이 내게 유익이라 이로 말미암아 내가 주
의 율례들을 배우게 되었나이다 >>> 시 119:71

묵상과 연결되는 기도
: 말씀을 붙들고 하는 기도란?

우리 기도 모임은 하나님과 올바른 관계를 갖는 것에 대해 고민하기 시작했다. 서로 기도하기는 했지만 말씀 해석이 미숙했고, 누군가 말씀을 명료하게 해석하기 전까지는 의문을 가지고 한 줄 말씀에 매달릴 수밖에 없었다. 그러면서 우리는 우리의 말이 아닌 주님의 말씀이 깨달아져서 그 말씀이 주는 힘과 능력이 공동체 안에 풍성해져야 한다는 것을 알게 되었다.

나는 말씀을 묵상하면서 복음적인 삶을 어떻게 살아야 할 것인가를 새벽마다 고민했다. 그런 마음으로 창세기부터 시작한 말씀 묵상은 나에게 성경 내용을 파노라마처럼 보여 주었다. 그 후로 내면에서 나의 자리와 하나님의 자리, 말씀의 의미, 내가 순종해야 할 것들, 마음에서 솟아오르는 저항, 하나님의 말씀에 대한 동의와 의지적인 결단 등이 일어났다. 매일의 삶에서 실제로 그 말씀이 힘이 되거나 어두운 마음을 비추어 회개하는 역사가 일어난 것이다.

우리 모임은 매주 팀원들이 모이면 항상 말씀 묵상부

터 나눈다. 일주일 동안 어떻게 살았는가가 아니라 성경
말씀을 어떻게 붙들고 살았는가를 먼저 나누는 것이다.
빛 되신 주님의 말씀에 자신의 모습이 어떻게 비추어졌
고, 자신이 그 말씀에 어떻게 반응했는가를 이야기한다.
우리는 순종하지 못한 삶을 회개하고, 도전과 소망을 주
시기를 하나님께 구하며 힘을 얻는다. 그렇기 때문에 우
리의 마음을 토설하는 데 그치지 않고, 주님이 주신 비전
을 선포하고, 그분이 친히 그 일을 성취하실 것이라는 약
속의 말씀을 선언한다. 이런 기도는 역동적이다. 주님의
말씀을 선포하고, 말씀을 성취해 가시는 주님을 찬양하
고, 우리의 믿음을 보이는 실제적인 임재 기도의 형태이
기 때문이다.

우리는 차츰 말씀을 붙들고 기도하는 데 익숙해졌다.
광범위한 말씀을 가지고 기도하는 것이 아니라 그날의 말
씀을 묵상하고, 말씀에 비추어 자신의 모습을 회개하고,
소망을 붙드는 기도 말이다.

〈에스더서를 묵상하며〉

"주님! 저 자신만을 위해 살려고 하는 마음을 회개합니다. 저에게도 에스더와 같이 죽으면 죽으리라는 마음이 임하기를 기도합니다. 저 자신만을 위하는 마음을 버릴 수 있게 도와주시옵소서."

"저에게 주신 모든 복은 그 복이 필요한 곳을 위해 주신 것임을 깨닫습니다. 병든 자, 가난한 자, 굶는 자들을 위해 저에게 주신 것임을 고백합니다."

"저를 공격하고 악을 도모하는 하만과 같은 자들을 주님이 다스려 주시옵소서! 제가 나서서 치리하는 것이 아니라 주님이 그와 저 사이에서 판단하시고 주님의 뜻을 따라 행하시기를 기도합니다."

〈요엘서를 묵상하며〉

"우리의 죄를 회개합니다. 우리가 잘못 산 것으로 인해 다음 세대들이 악한 습관을 가졌습니다. 우리가 자복하고 회개하오니 여호와여, 주의 일을 수년 내에 부흥하게 해 주시옵소서! 진노 중에라도 긍휼을 잊지 마시옵소서!"

　　모두 그날그날 받은 말씀을 묵상한 후에 나온 기도들
이다. 우리는 말씀으로 인해 더 깊은 내면을 보게 되었다.
누가 말하지 않아도 자신의 언어와 행동에 점점 민감해졌
고, 그에 대해 기도함으로 실제 삶이 변화되는 일들이 일
어났다. 막연한 기대를 가지고 기도할 때와 전혀 다른 결
과가 나타나자 우리는 모두 기뻐했다. 자신의 부끄러운
모습이 드러날 때는 괴로웠지만, 모두가 비슷하다는 점을
발견하면서 서로를 긍휼히 여기는 역사가 일어났다. 이제
는 묵상과 동떨어진 기도는 생각도 못할 정도로 기도 모
임 팀원들의 마음의 눈이 점점 밝아졌다.

Tip

말씀을 붙들고 하는 기도가
처음부터 잘 되는 것은 아닙니다

: 자라나는 시간이 필요하다

　말씀을 묵상하는 일이 처음부터 쉬운 것은 아니다. 매일 성경 말씀을 읽고 묵상하는 것은 어느 정도 습관으로 자리 잡아야 편안히 할 수 있다. 혼자 습관을 기르기 어려우므로 공동체가 함께하는 것이 유익하다. 서로를 신뢰하며 자신의 일을 솔직하게 나누는 것도 시간이 필요하다.

　묵상과 나눔의 습관이 자라나는 동안 우리는 겸손한 마음으로 다른 사람의 이야기를 경청할 줄 알아야 한다. 일관된 모습으로 신실한 믿음을 보이면 누구든지 마음을 숨기지 않고 기도를 요청하게 될 것이다.

　공동체가 유익한 이유 중에 하나는 묵상 구절에 대한 다양한 해석과 적용을 들을 수 있기 때문이다. 동일한 말씀이지만 해석하고 삶에 적용하는 부분은 다 다르다.

　예를 들어, 누가복음 10장 38-42절에 기록된 마르다와

마리아의 이야기를 묵상했다고 하자. 어떤 사람은 이렇게 말한다.

"저는 마르다가 왜 좋은 편을 택한 것이 아닌지 잘 모르겠습니다. 저는 어디에 있든지 마르다의 역할을 하는 것 같아서 그 말씀을 읽을 때 거절감을 느꼈습니다. 저는 이 거절감이 왜 생겼는지 해결하고 싶습니다."

또 다른 사람은 이렇게 고백한다.

"저는 주님의 발 앞에 있는 것이 가장 좋은 것임을 말씀을 통해 알았습니다. 분주하고 산만한 제 일상을 항상 후회만 했는데 오늘 이 말씀을 묵상하면서 누군가 나를 그렇게 몰아세운 것이 아니라 나 스스로 시간을 규모 없게 쓴 것임을 깨달았습니다. 오늘부터 주님의 발 앞에서 말씀에 귀 기울인 마리아처럼 말씀에 집중하는 시간을 가지기로 결단해 봅니다. 저를 위해 기도를 부탁드려요."

이처럼 서로 다른 환경과 상황 가운데 있는 팀원들의 나눔으로 더욱 풍성한 하나님의 나라를 경험하게 된다.

그러므로 남을 판단하는 사람아, 누구를 막론하고 네가 핑계하지 못할 것은 남을 판단하는 것으로 네가 너를 정죄함이니 판단하는 네가 같은 일을 행함이니라

>>> 롬 2:1

직면의 과정
: 아… 괴로운 일!

나 자신과의 직면은 상당히 오래 걸리는 과정이다. 우리는 대부분 나 자신을 모른다고 생각하지 않는다. 보통은 자신의 내면에 있는 무의식적인 것들에 민감하지 않다. 나는 묵상을 하면서 내 안에 깊은 어둠이 드리워져 있다는 것을 발견했다. 그 어둠을 주님의 말씀에 비추어 돌이키고 순종하는 것이 참 힘들었다.

그날그날 말씀을 해석하는 것은 어쩌면 쉬운 일일지 모른다. 묵상을 통해 회개할 것을 찾아내고, 그러나 그것을 주님 앞에 고백하며 회개 기도를 하는 것은 정말 어려운 일이다. 또한 기도의 영역은 여기서 그치지 않는다. 주님께 용서를 받고, 나 또한 다른 이들을 용서하는 일이 일어나야 한다. 그래야 관계의 영역에서도 진정한 화해가 일어난다.

우리는 흔히 타인의 모습에서 잘못되고 부정적인 부분이 발견되면 마음이 맞는 사람끼리 모여 아주 자연스럽게 뒷담화를 한다. 그러면서 비판과 판단과 정죄를 일삼는 단계까지 이른다.

우리 기도 모임 팀원들은 일주일에 한 번씩 모여 자신의 모습을 직면하는 훈련을 했다. 죄를 인정하고, 고백하고, 회개하고, 용서받고, 용서하고, 화해하는 시간을 갖기로 한 것이다.

나는 기도하면서 아무리 감추려 해도 감추어지지 않는 나의 벌거벗은 모습을 하나님 앞에 모두 드러냈다. 나의 수치스러운 모습이 주님 앞에 드러날 때 두려운 마음이 앞섰다. 드러난 내 모습이 상상 이상으로 추악해 너무나 부끄럽고 죄송한 마음이 들었기 때문이다. 나는 스스로 욕심이 없는 사람이라 생각했는데, 그것은 완전히 착각이었다. 주님은 말씀을 통해 내 행동의 근원에 나의 욕심이 도사리고 있음을 깨닫게 하셨다.

한 가지 예로, 나는 물질에 대한 욕심을 없애고 싶어서 물질을 나누기 시작했다. 처음부터 습관을 들이지 않으면 나중에는 더 하기 힘들어진다는 어느 목사님의 설교를 들은 이후로부터 물질을 나누는 일을 열심히 실천했다. 그러자 하나님이 물질의 풍성함을 허락하셨고, 나는 더 풍성히 나누는 사역을 진행했다. 그때 문득 이런 고민에 빠졌다.

'어디까지 물질을 나누어야 할까? 남은 물질은 어떻게 해야 할까? 나도 미래를 위해 물질을 모아 두어야 하는 게 아닐까?'

어느새 나는 내면에서 정치를 하고 있었다. 물질이 풍족하지 않을 때는 적은 물질을 나누는 것만으로도 기뻤는데, 물질이 풍성해지자 욕심이 생기면서 머리를 굴리기 시작한 것이다. 아침마다 주님이 주시는, 넘치지도 않고 모자라지도 않는 지혜로운 마음에 순종만 하면 되는데, 나는 내 소유에 대한 만족감과 미래를 준비한다는 명목으로 물질을 쌓아 놓으려 했다.

나는 청지기의 삶을 살아야 함을 매일 마음에 새겼다. 그렇게 하려면 매일 주님 앞에서 주님이 주시는 말씀을 듣고 순종을 결단해야 했다. 죄의 본성을 거스르는 힘을 주님께 받아야 했다. 나에게는 죄를 이길 힘이 없기 때문이다. 그래서 기도가 필요했다. 주님의 힘과 능력을 받아야 마음에서부터 승리가 시작되고 하루의 삶 속에서, 관계 안에서, 세상에서 승리의 깃발을 꽂을 수 있기 때문이다.

매일 내 모습과 직면하는 과정은 솔직히 괴로웠다. 그러나 그 순간마다 주님이 필요하다는 것을 절실히 깨닫게 되었다. 직면의 기도를 하는 사람에게는 스스로 능력이 생기는 것이 아니라 하나님을 의존하는 순기능이 생긴다. 나는 그 순기능의 열매를 맛보며 즐거웠다. 괴로움의 터널을 지나 변화된 내 모습은 팀원들에게 신뢰와 소망과 기대감을 주었다.

인도자는 먼저 가는 사람이다. 먼저 해 보는 사람이다. 아주 작은 것이라도 순종하려는 마음을 갖고 노력하는 안내자가 되어야 한다. 20년이 넘는 시간을 인도자로 섬기면서 도망가거나 피하고 싶은 순간이 여러 번 있었다. 하지만 그 자리가 주는 책임감을 놓지 않고 거룩한 통로가 되려고 애쓰면서 예배와 기도를 붙들었던 것이 나에게는 가장 큰 훈련이자 유익이었다.

Tip
직면의 과정은
마음을
들여다보는 것입니다

직면의 첫 과정은 자신의 어둠을 인정하는 것이다. 어둠은 마음속 깊은 곳에 있는 두려움, 미움, 시기, 질투, 교만, 의심, 원망, 염려, 거짓, 음란 등을 말한다. 말씀에 비추어야 알 수 있는 내면의 어둠은 기도하는 가운데 성령님의 도우심이 있어야 깨달을 수 있다. 처음 발견한 자신의 어둠, 즉 자기 잘못이나 수치는 인정하기가 어렵다. 하지만 이런 저항과 항변에도 불구하고 기도를 통해 성령님의 위로와 권면을 접하게 되면, 결국 주님의 말씀에 순종하려는 의지와 결단을 내리게 된다.

우리는 마음을 열어 주님의 말씀대로 순종하고자 노력해야 한다. 그러면 자신의 어둠을 인정하고 주님 앞에 입술을 열어 고백하는 일이 이루어진다. 진정한 고백이 일어나면 회개에 합당한 열매를 거두려는 의지가 발동하고, 용서와 화해가 임하는 결과를 얻을 수 있다. 개인 기도를 통해 이러한 결과가 나타나면 우리는 관계 가운데 평안을 얻는다.

보통 다른 사람들을 통해 자신의 과오를 들을 경우 스스로 인정하지 못하고 마음속 깊은 곳에 상처로 남는다. 또한 시간이 흐르고 나이가 들면 점점 개인주의 성향이 강해진다. 그렇게 되면 자신의 단점이나 약점을 보완할 수 있는 기회가 없어질 뿐 아니라 고집과 아집이 강해져 다른 사람들의 말을 들으려 하지 않는 부정적인 결과를 낳게 된다.

직면의 과정은 서로가 하나 되기 위한 공동체적인 작업이다. 각자가 주님의 말씀 앞에 엎드려 순종하는 사람이 된다면 관계 안에서 다투거나 시기하는 일이 없어질 것이다.

또한 공동체 안에서 서로를 격려한다면 성령님이 좋은 열매들을 허락하시어 하나님께 영광을 돌리게 될 것이다.

무엇보다도 뜨겁게 서로 사랑할지니 사랑은 허다한 죄를 덮느니라 >>> 벧전 4:8

chapter 4

서로의 연약함 인정하기
: 저도 그래요

죄 된 본성이 드러나다

2009년, 기도 모임이 생긴 지 10년이 되는 해에 우리는 참으로 어려운 시기와 맞닥뜨렸다. 적나라한 모습을 보이며 서로에 대한 신뢰가 깨어지면서 기도 모임에 회의가 들기 시작했던 것이다. 아담과 하와처럼 선악과를 먹고 눈이 밝아진다는 것이 이런 것일까?

나는 욥기를 읽으면서 지금까지 이해되지 않았던 하나님의 뜻을 받아들이기 시작했다. 물론 이전에도 욥기를 읽으면 구원 백성을 향한 하나님의 보호하심을 깨달을 수 있었다. 그런데 왜 선한 욥에게 그런 고난을 허락하시는지, 왜 사랑하는 자녀를 사탄에게 시험하라고 내어 주시는지에 대해서는 납득이 되지 않았다. 나는 나의 믿음만큼만 이해할 수 있었고, 더 깊이 이해하기 위해서는 많은 것을 경험해야 했다. 주님이 나를 깊은 영혼의 고통 속에 내버려 두시는 것 같았다.

주님이 하시는 모든 일을 신실하게 믿지 못하자 나 자신을 통제할 능력을 잃고 말았고, 불안에 떨며 어쩔 줄 몰라 했다. 내 마음대로 상황을 통제하며 안정감을 누리다가 '믿음'의 문제에 직면하자 점점 영적으로 연약해져 염려와 스트레스가 쌓였고, 급기야 육체적 질병이 나타나기까지 했다. 이는 모두 주님이 해결하실 수 없을 것이라는 강한 불신에서 기인한 것이었다.

기도 모임 팀원들 모두 동일한 연약함을 갖고 있었다. 우리 각 사람 모두가 진리의 토대 위에 서 있지 않으면 우리의 행동에 대한 명확한 이유를 밝히기가 어렵다. 진리를 알고 진리대로 행해야 말에 권위가 실린다. 주님의 말씀을 묵상하고 그 말씀대로 공의와 사랑을 실천해야 온전히 말씀을 깨달을 수 있음을 통감했다. 그러나 우리는 서로의 연약함을 받아들이는 일조차 힘들어했다. 우리의

연합을 방해하는 최대의 적인 지독한 자기 연민과 자기
사랑이 하나님 중심의 신앙생활을 방해했다.

　누구든지 자신에 대한 좋지 않은 말을 들으면 기분이
나쁘다. 그리고 즉시 상대의 잘못을 찾아 지적하고 비판
을 일삼게 된다. 이러한 모습은 하나님 앞에서라고 달라
지지 않는다. '기도'를 사용해서 하나님을 움직이려는 합
당한 이유를 대고, 상대의 약점과 단점을 용서하지 않는
마음으로 고발한다. 아주 작은 비판에도 하나님의 일로
생각하지 못하고 삐죽하게 가시가 돋아 상처를 받는다.
그러면 기도 모임에 광풍이 몰아치듯 분리의 영이 역사하
고, 인도자 역시 영적으로 바닥을 드러내기 마련이다.

　　　끝으로 너희가 주 안에서와 그 힘의 능력으로 강건하
　　　여지고 마귀의 간계를 능히 대적하기 위하여 하나님
　　　의 전신 갑주를 입으라 우리의 씨름은 혈과 육을 상
　　　대하는 것이 아니요 통치자들과 권세들과 이 어둠의
　　　세상 주관자들과 하늘에 있는 악의 영들을 상대함이
　　　라 그러므로 하나님의 전신 갑주를 취하라 이는 악한

날에 너희가 능히 대적하고 모든 일을 행한 후에 서기 위함이라 그런즉 서서 진리로 너희 허리띠를 띠고 의의 호심경을 붙이고 평안의 복음이 준비한 것으로 신을 신고 모든 것 위에 믿음의 방패를 가지고 이로써 능히 악한 자의 모든 불화살을 소멸하고 구원의 투구와 성령의 검 곧 하나님의 말씀을 가지라 모든 기도와 간구를 하되 항상 성령 안에서 기도하고 이를 위하여 깨어 구하기를 항상 힘쓰며 여러 성도를 위하여 구하라 >>> 엡 6:10-18

영적 전쟁이 시작되었다. 이미 주님이 십자가에서 이기신 싸움인데도 우리는 진리의 말씀 위에 서지 못해 자신의 생각대로 행했고, 우리 안에 있는 어둠의 영과는 싸우지 못하는 연약함을 보였다. 그렇기 때문에 패할 수밖에 없었던 것이다. 조금만 마음이 상해도 기도의 자리로 가져갈 생각을 못하고, 받지 말아야 할 상처를 받았다. 본성적인 죄를 가진 자아가 드러났던 것이다. 우리는 이런 우리의 약점을 인정해야 했다.

Tip

소그룹 공동체 안에서
드러난 어둠은
소망이 있다는 증거입니다

익숙하지 않은 것들에 대한 반응은 대부분 '거절'이다. 처음에는 넓은 마음으로 서로를 받아들이는 일에 넉넉해지려고 한다. 그러나 시간이 지날수록 자신의 본래 마음으로 돌아가 이기심을 충족하려는 본성을 드러낸다. 매일의 묵상과 기도로 주님이 나를 다스리시는 통제적인 삶이 이루어지지 않으면 자기 연민의 본성이 갖고 있는 어둠을 드러내게 된다.

우리는 공동체 안에서 이러한 본성을 숨기는 일이 가능할 것이라고 여긴다. 하지만 시간이 지날수록 자신만 깨닫지 못하고 주위 사람들은 그에 대해 더 예민해질 수 있음을 잊지 말자.

신뢰와 사랑을 전제로 상대에게 약점을 말해 주기까지는 오랜 시간이 필요하고, 서로의 단점과 약점을 인정하는 마음이 되어야한다. 주님 앞에서 드러난 자신의 어둠을 경험한 사람만이 상대의 어둠을 긍휼히 여길 수 있다. 그리고 사랑하는 마음으로 그 약점을 이야기할 수 있다.

나의 약점이 드러나는 것은 주님과 작업할 수 있는 기회를 제공해 준다. 기도의 자리에서 자신을 들여다보고 신실한 마음으로 주님 앞에 서면 이미 이기신 주님의 전쟁을 나도 이길 수 있다는 믿음이 생긴다.

거짓 자아가 드러남
: 말씀으로 살아내기

인간은 하나님의 위임을 받아 생육하고 번성하여 땅에 충만하고, 땅을 정복하고, 모든 생물을 다스릴 통제권을 합법적으로 얻었다(창 1:26-28). 그러나 인간의 죄로 인해 통제권이 오염되었고, 하나님의 자리에 앉으려는 교만으로 인해 피조 세계가 인간의 말에 정복당하지 않게 되었다.

이런 본성을 가진 나 또한 내 마음대로 통제하려는 성향이 강했다. 하지만 나는 그 사실을 인정하고 싶지는 않았다. 나는 항상 피해 의식에 사로잡혀 통제를 당한다고만 생각했다. 나의 거짓 자아는 말씀의 빛 앞에서 드러났다. 기도하면 할수록 나 자신에 대한 의문이 자꾸만 일어났다. 나는 내 생각, 내 마음, 내 계획, 나를 위한 모든 것을 완벽하게 통제하며 살고 싶었다. 그러다 보니 가족인 남편과 아이들을 내 방식대로 통제하려다가 부딪히는 일들이 잦아졌다.

원래 다스리는 것은 대상을 충만하게 하려는 데 목적이 있다. 그러나 죄를 짓고 에덴에서 쫓겨난 인간은 자기

를 위해 만물을 이용하는 존재로 바뀌어 버렸다. 지독한
자기 사랑을 갖게 된 것이다. 나 역시 내가 다스릴 수 없
는 시간과 공간, 사람 등이 생겨나면 마음이 불안정해지고
쉽게 상처를 받았다. 그러나 다른 사람들 앞에서는 아무렇
지 않아 보일 수 있었기 때문에 내 마음 상태를 들키지는
않았다. 나중에 깨달은 것이지만, 이런 위선적이고 가식적
인 모습은 주님 앞에 가면 갈수록 여실히 드러났다.

기도 모임을 시작했을 때 나는 몽상가와 같았다. 신학
공부에 대한 꿈을 가졌지만 세상의 가치관과 섞여서 어느
정도는 나를 위해서, 또 어느 정도는 주님을 위해서 실행
해 나가려고 했다. 기도하면서 주님께 받은 말씀과 비전
을 선포하면 따르는 사람들이 생겼고, 그들과 함께 주님
의 꿈을 이루어 간다는 명분 아래 열정을 다했다.

나는 매일 내 마음 깊은 곳을 들여다보며 갈등했다.
현실에서 내 꿈을 이루기 어렵다고 생각할수록, 반대로
그 꿈을 버릴 수 없었다. 나는 하나님이 원하실 것이라고
생각해 구체적인 계획을 세워 신학교에 들어갔다. 신학
공부를 하고 목사가 되었다. 기도할 때마다 내 자신에게

물었다.

"이 모든 것을 무엇 때문에 하는 거니? 너 자신을 위해 하는 일 아니야? 주님을 위해서라면 어떻게 그 영광을 드러낼 건데?"

개인 기도를 계속하면서 나는 내 마음을 들여다보는 일에 두려움이 없어졌고, 마음속에서 일어나는 갈등과 싸움과 제대로 직면할 수 있었다. 그리고 그 싸움이 개인의 욕심에 의한 것인지, 하나님의 뜻인지 분별하게 되었다. 이런 영적 경험들은 팀원들의 거울이 되었고, 나는 팀원들을 바르게 하고, 교훈하고, 가르치는 일을 할 수 있게 되었다.

모험을 좋아하는 나는 주님의 길을 걸으며 생기는 일들을 피하지 않고 부딪혀 보려는 도전적인 사람이 되어 갔다. 조금만 삐끗하면 불법을 저지르고, 조금만 치우치면 율법으로 가기 쉬운 것이 우리의 본성이기에 정로(正路)를 발견하려고 애썼다. 주님의 손을 놓치면 아무것도 보이지 않는 길 위에 혼자 걷는 것이 아니라 함께하는 사람들이 있기에 힘을 얻을 수 있음을 깨닫게 되었다.

나는 기도 모임에 가서 깨달은 말씀을 계속 나누었다. 팀원들은 묵상을 나누면서 우리 안에 있는 거짓된 자아가 드러나는 것을 발견했다. 그것은 인본주의에서 시작된 자기중심적인 삶이었다.

예를 들어, "오늘 저는 선한 사마리아인이 되어서 A라는 사람을 도와주었습니다. 얼마나 기쁘고 보람되었는지 모릅니다. 주님이 명령하시니 제가 순종할 수 있었습니다"라고 묵상했다고 하자. 이는 결과적으로 주님보다는 '나'라는 사람이 부각되는 묵상이다. 결론은 자신을 나타낼 뿐 주님의 영광을 드러내지 않는다. 그렇다면 어떤 방식으로 바뀌어야 할까? 나는 고민하고 기도하다가 이렇게 변화된 묵상을 하게 되었다.

"오늘 말씀에서 제가 선한 사마리아인이 될 수 있다는 생각이 이기심에서 비롯되었음을 알게 되었습니다. 내면 깊은 곳을 들여다보니 저는 누군가 보고 있을 때 선한 사마리아인이 되고 싶은 것이지, 누가 알아주지 않는 곳에서는 더없이 냉정하고 경계를 세우는 사람이었음을 고백합니다. 우리에게 선한 사마리아인이 있다면 오직 주님

한 분뿐임을 고백합니다. 우리가 성령 충만할 때 주님의
마음이 우리 가운데 부어집니다. 주님의 마음을 부어 주
셔야만 선한 일을 행할 수 있음을 고백합니다. 그런 마음
과 힘을 주시는 주님이 기도의 자리에 계셔야 제가 주님
께 영광을 드릴 수 있는 사람임을 깨닫습니다. 오늘 그 힘
과 마음을 주시기를 소망하고, 또 순종하는 기쁨을 누릴
수 있기를 기도합니다."

　묵상의 차이는 내가 드러나는가, 아니면 주님이 드러
나시는가에 있다. 그런데 둘 사이는 종이 한 장 차이라 구
분하기가 참 어렵다. 묵상하는 우리의 내면에 잠재되어
있는 동기가 전혀 다른 결과를 초래한다. 마음을 이길 수
있는 힘이 없으면 우리는 언제나 나를 나타내는 데 온 힘
을 기울인다. 오직 우리가 할 수 있는 일은 주님의 말씀에
비추어 자신의 거짓된 자아를 알아 가는 것이다.

Tip

본성을 거스르는 삶을 사는 것이
거짓된 자아를
이기는 길입니다

대부분의 그리스도인들은 깊은 내면의 일을 생각하지 않고 살아간다. 눈앞에 일어나는 현상과 상황을 처리하는 것만으로도 힘들기 때문이다.

그런데 이전에는 순응하며 살았던 일에도 기도를 시작하면 하나님의 긍휼과 은혜를 구하게 된다. 원래 하지 않던 일을 하면 피곤하고 지치기 마련이다. 애써 현실을 외면하다가 이제 그 현실을 직시하려 하니 처리해야 할 일에 책임감을 느껴 부담스럽다. 그럴 때 삶의 방향을 나타내 주는 지표가 주님의 말씀이다. 각자가 주님의 말씀을 따라 자신의 거짓 자아인 본성을 거스르고 순종의 삶을 살아간다면 모두가 한 방향으로 갈 수 있다. 이것을 '순기능의 삶'이라고 한다. 하나님 중심적인 삶을 사는 그리스도인은 하나님 의존적인 삶을 산다. 모든 일을 주님께 묻고, 주님의 뜻을 찾아 사는 것이다. 이런 순기능이 일어나기 시작하면 사람 의존적인 역기능을 해결할 수 있다.

만약 주님께 묻지 않고 매사에 자신보다 우월한 영성을 가진 사람을 찾아가 묻는다면 점쟁이를 찾아가는 것과 무엇이 다르겠는가? 이는 예수 점쟁이를 양산시키는 꼴밖에 안 되며, 다른 사람의 신앙이 마치 자신의 것인 양 착각해 버리는 거짓된 신앙이 될 수 있다.

사탄은 항상 우리의 내면을 들여다보다가 미래를 점치는 주술적인 것에 혹하는 마음을 이용한다는 사실을 명심하자. 거짓은 사탄의 최고 무기다. 우리의 마음과 입에서 나오는 거짓과 싸우는 일은 개인적인 영적 전쟁이라 할 수 있다. 주님이 이미 이기신 싸움을 우리가 패한다면 비참한 삶을 면하지 못할 것이다. 매일의 묵상과 기도로 스스로 속는 일에서 벗어나, 주님의 음성을 듣고 말씀대로 순종하는 삶을 누리자.

네가 원 돌감람나무에서 찍힘을 받고 본성을 거슬러 좋은 감람나무에 접붙임을 받았으니 >>> 롬 11:24

회개 기도와 영적 전쟁

나는 기도 모임을 인도할 때마다 회개 기도부터 시작한다. 그 이유는 각자의 회개 기도가 소그룹 모임을 거룩하게 준비시키기 때문이다. 죄에 대한 처리는 구원받은 그리스도인 각자의 몫이다. 진정한 예수 그리스도와의 대면이 없이는 자신의 모습을 제대로 볼 수 없다. 우리의 모습에서 예수님과 닮지 않은 것이 드러난다면, 우리는 그것을 깨부수고 예수님을 닮아 가도록 노력해야 한다.

회개 기도는 한 주간 살면서 묵상 가운데 비추어진 자신의 모습을 돌아보고 어둠과 죄에 대해 토설하는 작업이다. 이는 신뢰가 바탕이 되지 않고서는 제대로 이루어지지 않는다. 어느 누가 쉽게 자신의 잘못과 비밀을 드러내며 회개 기도를 할 수 있겠는가? 소그룹에서 나누었던 기도 제목들이 외부로 퍼져 나가는 일도 생길 수 있고, 그 이야기가 와전되어 자신에게 안 좋게 돌아오는 경우도 있기 때문이다.

하지만 우리 기도 모임은 이런 시행착오를 거치며 점점 탄탄해졌다. 서로 친하지 않으면 배려하기가 어렵다.

또 그런 친한 관계를 맺으려면 시간이 필요하다.

처음 우리가 함께 기도했던 이유는 사역을 위해서였다. 교회 사역은 사람들이 모이고 그 일을 해 낼 수 있는 힘이 생기면 이루어진다. 사역은 함께 모이면 할 수 있는 것이다. 그러나 사역의 결과는 다르다. 얼마나 한마음으로 즐겁게 사역했는가가 결과를 좌우한다. 팀원들 중 한 사람이라도 볼멘소리를 하면 다른 팀원들의 마음이 불편해진다. 사역을 하는 기쁨을 앗아 가고 다음 사역에 함께하고 싶은 마음이 사라지게 하는 것이다.

회개 기도는 우리가 함께할 수 있는 가장 기초적인 기반을 제공한다. 서로를 긍휼히 여기는 일은 인정으로 할 수 있는 일이 아니다. 자식 문제, 부부 간의 갈등, 물질에 대한 고통 등 우리는 각자 조금씩 다른 상황으로 하나님의 부재를 경험한다. 그 고백들이 모이는 시간에 우리는 서로를 긍휼히 여기게 된다. '모두가 인생 가운데 비슷한 일을 겪는구나'라고 느끼며 긍휼의 마음을 갖게 되는 것이다. 실로 영적 전쟁은 우리 인생에서 가장 치열한 싸움이다. 그런데 여기서 사탄에게 마음을 빼앗기고 안일하게 처신해서는 안 된다.

우리 기도 모임은 오랜 시간 동안 마음을 연합하기 위해 노력했고, 어둠의 영과 치열하게 영적 전쟁을 치렀다. 처음부터 강한 군사로서 기도 모임에 임하지는 않는다. 영적 전쟁이 무엇인지도 모르는 채 모이기를 힘쓰는 경우가 많다. 하지만 소그룹 기도 모임을 하면서 영적 세계를 경험하게 된다. 그리고 막연하게 칼을 휘두르는 일도 생긴다. 시편 149편은 성도들에게 두 날을 가진 칼이 있다고 말한다.

> 성도들은 영광 중에 즐거워하며 그들의 침상에서 기쁨으로 노래할지어다 그들의 입에는 하나님에 대한 찬양이 있고 그들의 손에는 두 날 가진 칼이 있도다 이것으로 뭇 나라에 보수하며 민족들을 벌하며 그들의 왕들은 사슬로, 그들의 귀인은 철고랑으로 결박하고 기록한 판결대로 그들에게 시행할지로다 이런 영광은 그의 모든 성도에게 있도다 할렐루야 >>> 시 149:5-9

여기서 '두 날'이란 세상의 유혹과 거짓을 물리칠 수 있는 날과 자신을 다스릴 수 있는 날을 의미한다. 사탄의 역사를 물리칠 수 있는 것은 하나님의 말씀뿐이다. 말씀 안에서 주님의 지혜와 용기를 얻고 하나님의 전신 갑주를 입어야 한다. 또한 그 말씀을 적용해 선포하는 지혜가 필요하다.

우리 기도 모임은 마귀의 간계를 물리치기 위해 하나님의 전신 갑주를 입어야 했다. 영적 전쟁도 믿음이 자라나야 치를 수 있으며, 믿음이 자라나야 세상과 싸울 수 있는 능력이 생긴다는 사실을 깨달았다.

팀원 중에 한 명은 이렇게 이야기했다.

"저는 지금의 상황을 이겨 낼 힘이 없어요. 기도를 해도 아무것도 떠오르지 않고 하나님이 원망스럽기만 해요. 기도 부탁을 많이 하는데도 아무 일이 일어나지 않으니 어떻게 해야 할까요?"

기도는 하나님을 만나기 위한 수단이지만, 요술램프의 요정 지니를 부르듯이 하나님을 부르는 수단은 아니다. 우리는 간혹 하나님이 마치 무엇이든 이루어 주시는 존재라고 착각한다. 그것은 세상의 가치관과 성경적인 내용이 엉뚱하게 뒤섞여 만들어 낸 괴물 같은 신적 존재일 뿐이다. 우리는 그러한 존재를 숭배하며 기복신앙을 키우고 있는 것이나 다름없다. 그런 신이 응답할 리는 만무하다. 우리는 이러한 일들을 반복하면서 하나님의 말씀을 붙잡고 기도하는 것의 중요성을 깨닫기 시작했다.

Tip
우리의 마음이
가장 치열한
전쟁터입니다

주님의 마음과 내 마음의 차이를 발견하는 것은 쉽지 않다. 이것은 개인 경건 생활의 습관과도 관련되어 있다. 자신의 마음을 들여다볼 수 있는 훈련이 되어 있어야 한다는 뜻이다. 다른 사람의 마음을 상상하고, 추측하고, 오해하는 일은 우리 마음에서 여과 없이 행해진다. 그 일을 진정성 있게 걸러 낼 수 있는 경우는 오직 하나님의 말씀을 붙들고 기도할 때다.

회개 기도는 의무가 아니다. 실수와 실패에 대한 수치감 때문에 잠깐 동안 입술로 반성하는 데 그친다면 계속해서 반복적인 실수를 거듭하게 된다. 진정한 회개는 실수와 실패의 길에서, 또는 죄에서 방향을 바꿔 돌이키는 것이다.

거친 말, 의심, 마음속의 부정적인 생각, 무의식적이고 이기적인 행동 등은 스스로 인지하기 어렵다. 누군가 나에 대한 사랑의 마음을 가지고 진심 어린 충고를 해도 받아들이기 어렵기는 마찬가지다. 그래서 공동체는 주님의 사랑의 띠로 묶이는 경험이 풍성해야 한다. 누군가 잘못된 말과 행동으로 분열을 일으키면 그 어둠의 영향력을 분별하고 이길 수 있는 힘이 있어야 한다.

회개 기도는 나의 힘이 아닌 주님의 능력과 힘에 대한 요청이다. 나는 죄인이고, 주님의 의를 힘입지 않고는 영적 전쟁에서 이길 수 없음을 시인하는 것이다. 이것이 주님과의 연합을 요청하는 시작 단계라 할 수 있다.

소그룹 공동체에서는 거룩의 작업이 정말 필요하다. 많은 사람이 회개 기도에 대한 어려움을 털어놓는다. 그렇다고 우리가 어마어마하게 큰 죄악을 저지르고 사는 사람들은 아니다. 소소한 잘못된 습관에 대해 돌이키는 것이 회개 기도의 대부분을 차지한다. 세상에서 죄는 법을 어기는 것을 말하지만, 기독교 신앙에서는 주님을 닮지 못하고 어긋나게 행동하는 모습을 가리킨다. 그 모습에서 돌이키는 것이 회개 기도다.

우리는 이제 죄를 짓지 않을 수 있는 존재가 되었음을 기억해야 한다. 과거에는 죄를 지을 수밖에 없었지만 이제는 예수 그리스도 안에서 죄를 거절할 수 있고, 죄를 지었어도 주님에 의해 씻김을 받아 생명 가운데 살아갈 수 있는 존재가 되었다. 회개 기도는 단호하게 죄를 거절하는 마음에서 시작해야 한다.

그러므로 너희는 죄가 너희 죽을 몸을 지배하지 못하

게 하여 몸의 사욕에 순종하지 말고 또한 너희 지체
를 불의의 무기로 죄에게 내주지 말고 오직 너희 자
신을 죽은 자 가운데서 다시 살아난 자같이 하나님
께 드리며 너희 지체를 의의 무기로 하나님께 드리라

>>> 롬 6:12-13

chapter 5

상처 치유 받기
: 관계는 왜 이렇게 불편할까?

느헤미야 기도

내면의 일을 십자가의 빛으로 조금씩 파악하기 시작하면 우리의 언어가 달라진다. 주님의 말씀의 인도하심을 받아 치유와 회복을 경험한 사람의 입에서는 치유의 발언이 가능해진다. 깊은 내면으로부터 주님의 십자가 사랑을 근거로 용서받은 만큼 그 사랑을 깨닫게 되는 것이다.

우리는 모일 때마다 주님의 말씀을 묵상한 내용을 나누었다. 묵상 말씀은 동일했지만 그 말씀을 해석하고 삶에 적용한 일은 각자 달랐다. 말씀을 통해서 치유와 회복이 일어나고 자연스럽게 우리의 언어도 바뀌어 갔다.

대부분의 상처는 이기심에서 비롯된다. 기도 모임에

나온다고 해서 모든 부분이 완벽하게 영적이거나 도덕적
으로 깨끗해지는 것은 아니다. 기도 모임이 갖는 오류는
기도하고 예배드리기 때문에 그 모임 자체가 거룩할 것이
라는 생각이다.

우리의 이기심은 금세 들통이 났다. 각자 개인의 기도
제목을 놓고 기도할 때였다. 우리는 52일 동안 기도 짝을
정해서 기도하는 '느헤미야 기도'를 시행했다. 이 기도는
개인과 가정의 무너진 곳을 기도를 통해 다시 수축한다는
의미다. 기도 짝은 52일이 지나면 바뀌었다. 그때는 또 다
른 기도 짝과 교제하며 기도 제목을 나누게 된다. 처음에
느헤미야 기도를 시행했을 때는 팀원들 모두가 매우 형식
적으로 임했다.

"집사님의 기도 제목은 무엇입니까?"

"남편의 회사를 위해 기도해 주세요. 그리고 제 딸이
이번에 고등학교 3학년이라서 기도가 많이 필요해요. 그
리고 제가 주님의 마음을 시원하게 해 드리는 삶을 살아
갈 수 있도록 기도해 주세요."

"저도 제 신앙이 발전되기를 기도해 주세요. 그리고

저희 가정이 하나님의 사랑받는 가정이 될 수 있도록 기
도해 주세요."

대부분 두루뭉술하게 추상적인 내용의 기도 제목을
말했다. 어떤 기도 제목이 구체적인 응답을 얻었는지 파
악하기가 모호한 상황이었다. 그래서인지 기도 모임 가운
데 친밀한 사귐이 없었고 뻑뻑한 관계가 지속되었다. 나
는 팀원들 한 사람씩 느헤미야 기도 짝으로 만나면서 이
전에 하지 않았던 이야기들을 하기 시작했다.

"집사님은 다른 사람이 묵상을 나눌 때 왜 항상 다른
행동을 하세요? 그리고 휴대전화를 계속 보시는데, 꺼 놓
으면 불안하신가요?"

"집사님! 집사님은 말을 너무 안 하시네요. 다른 사람
들과 친해지려고 하지 않는 것 같아요. 그렇게 하시는 이
유가 있나요? 어떻게 보면 다른 사람들과는 말이 안 통한
다고 생각하시는 것 같아요."

팀원들은 매우 당황하고 힘들어했다. 하지만 나는 이
대로 두어서는 안 되겠다는 생각이 들었다. 우리 기도 모
임이 형식적이고 예의만 갖추는 소그룹이 될 것 같았기

때문이다. 그래서 서로의 약점과 단점을 보완하기 위한 작업을 본격적으로 시작했다. 과정 중에 좌충우돌하는 일들도 생겼다. 기도하기보다 상처를 먼저 받고 멀어지는 사람들도 있었다. 계속된 느헤미야 기도는 우리 안의 잘못을 전부 드러내 주었다. 다른 사람들은 다 보는데 자신만 보지 못하는 부분을 경험하게 된 것이다.

누가복음 5장 12-16절에는 나병 환자가 나온다. 그가 예수님을 찾은 이유는 자신의 병이 나병임을 인정했기 때문이다. 당시 유대인들은 나병이 죄로 인해 하나님이 내리신 저주라고 생각했고, 따라서 나병은 하나님만이 고치실 수 있다고 생각했다. "주여 원하시면 나를 깨끗하게 하실 수 있나이다"라는 나병 환자의 말은 예수님을 구주로 고백하고 그분을 하나님으로 받아들인 신앙 고백이었다.

우리는 상처를 받았을 때 원인을 찾아 진단하기보다 상처를 준 사람을 미워하거나 그를 향해 분노하는 일이 많다. 상처는 이기심에서 비롯되는 경우가 허다하다. 은혜를 받으려고 하지 않고 자신이 받은 상처에만 집착해서 치유 받지 못한 채 살아가는 것이다.

우리는 스스로를 치유할 수 없다. 나병과 같은 육체적

질병은 눈에 훤히 보여서 진단이 가능하지만, 병든 자의
식이나 역기능은 깊은 내면의 것이라 스스로 찾기 힘들고
다른 사람이 진단하기도 어렵다. 그렇다면 우리의 깊은
것까지도 통달하시는 성령님의 조명이 주님의 말씀으로
부터 비추어져야 하고, 참된 의사이신 주님께 치유를 받
아야 하는 것이 마땅하다.

성령님은 말씀을 읽고, 보고, 들을 때 내 안의 이기심
과 정욕을 보게 하시고, 그런 마음이 사탄에게 길을 내어
주는 것임을 깨닫게 하신다. 또한 거짓된 마음을 거절할
수 있는 힘과, 참된 주님의 마음을 닮아 갈 수 있는 힘을
주신다. 다시 말해, 성령님은 우리 안에서 세상을 이길 수
있는 힘을 제공하시는 분이다. 매일의 경건 생활은 내 안
의 어둠인 상처와 역기능, 이기심과 정욕을 발견하고 나

홀로 싸우는 것이 아니라 성령님이 주시는 힘으로 싸워 이기는 삶을 말한다.

누가복음 11장에는 예수님이 가르쳐 주신 기도의 내용과 태도가 나온다. 우리는 주님의 기도 줄을 잡고 기도해야 하지만, 밤에 간청하는 벗과 같이 끈기 있는 기도 자세를 가져야 한다. 그러나 가장 중요한 핵심은 하나님이 구하는 자에게 성령을 주신다는 말씀이다. 기도는 성령님의 응답으로 나타나는 것이다. 자신의 어둠을 발견하는 묵상과 기도의 자리를 포기하지 않기를 바란다.

그러나 책망을 받는 모든 것은 빛으로 말미암아 드러나나니 드러나는 것마다 빛이니라 >>> 엡 5:13

역기능과 상처에 대한 이해
: 순기능으로 역기능 극복하기

기도 모임을 꾸려 나가다 보면 순기능과 역기능이 나타난다. 우리 기도 모임 팀원들은 역기능이 무엇인지 잘 모르는 상태에서 그 역기능과 상처로 인해 서로 연합하지 못하기도 했다. 그런데 기도 훈련을 받으면서 역기능에 대해 배우게 되었다. 쉽게 말해, 역기능은 하나님 의존적인 삶이 아니라 사람 의존적인 삶을 살기 때문에 벌어지는 잘못된 기능을 말한다.

우리에게 가장 치명적인 것은 다른 사람들의 눈이다. 다른 사람들의 관점에서 내가 평가되는 것이 중요하므로 보이는 것에 완벽해지려는 의식을 갖는다. 하나님이 다 지켜보시는데도 불구하고 사람 눈에 보이지 않게 자신의 수치를 가리고 거룩한 종교성을 나타내는 데 치중한다. 그럴수록 우리의 삶은 혼돈과 공허에 빠지게 된다.

사실 순기능을 발휘하려면 하나님 의존적인 묵상과 기도가 몸과 마음에 배어 있어야 한다. 각자 너무나 다른 믿음의 분량을 갖고 있고, 똑같은 말이라도 이해하고 받

아들이는 형태가 다르기 때문이다. 소그룹 안에서 자신과
마음이 맞는 사람들끼리 편이 되는 것은 아주 자연스러운
현상이다. 그런데 시간이 길어지면서 자기중심적인 자아
가 도드라지고, 불평과 원망이 생김으로써 부정적인 말이
튀어나오고, 우리의 본성이 삐죽삐죽 솟아난다. 사람 의
존적인 역기능은 소그룹에서 인도자를 의존하는 형태로
많이 나타난다.

　　나는 어릴 적 부모님께 강압적인 요구를 받은 적이 별
로 없었다. 부모님은 나의 의견을 물으셨고, 내가 내린 결
정을 존중해 주셨으며, 나 또한 고집이 세서 하고자 하는
일에 대해서는 물러서지 않았다.

　　한 예로, 초등학생 때 이런 일이 있었다. 우리 할아버지
는 큰 기침 소리로 주위 사람들을 다스리곤 하셨는데, 그때
마다 할머니는 어쩔 줄 몰라 하셨고 모든 사람이 할아버지
의 소리를 따라 일사불란하게 움직였다. 또 할아버지는 유
독 사내아이만 좋아하셔서 손녀인 나를 별로 안아 주지 않
으셨다. 나는 그런 할아버지가 싫어서 초등학교 3학년 때부
터 할아버지 댁에 따라가지 않았다. 손녀가 중학교 1학년

이 될 때까지 찾아오지 않자 끝내 할아버지는 백기를 들고 손녀딸이 보고 싶으니 시골로 내려오라는 전갈을 보내셨다.

　이처럼 나는 내 의견을 늘 존중받았고, 그로 인해 자존감이 하늘 높은 줄 모르고 치솟아 있었다. 그런 나의 성향은 급기야 친구들의 마음을 상하게 했다. 긍정적이고 순기능적인 가정에서 자랐어도 내게는 역기능이 존재하고 있었다. 그 이유는 하나님을 몰랐기 때문이다. 나는 당연히 병든 자의식을 가지고 살 수밖에 없었던 것이다.

　우리 기도 모임 팀원들은 여러 시행착오를 거치면서 하나님의 마음을 알지 못하면 역기능과 상처투성이로 살아갈 수밖에 없음을 깨달았다. 서로가 느헤미야 기도 짝으로 만나 마음속 이야기를 나누게 되니 다른 사람에 대한 불평과 비판과 정죄를 일삼는 일이 많아졌다. 그런데 우리는 그것이 죄라고 생각하기보다는 영적 분별력이라고 착각했다. 우리는 이런 역기능과 상처를 극복해야 하는 과제를 안고 있었다.

역기능은 사람 의존적인 모든 사회에 만연해 있다. 하나님을 믿는 그리스도인들 역시 옛 자아의 습관을 다 버리지 못했기 때문에 하나님을 바라보기보다는 사람들이 어떻게 하는가를 중요하게 생각한다. 다른 사람들의 이기심과 대립되는 상황을 맞닥뜨리게 되면 지위, 물질, 나이의 정도에 따라 이기심이 노출되는 수위가 결정된다.

예를 들어, 자신에 대한 배려라고 생각했던 위치나 대우에 대해 정당한 보상이 따르지 않으면 상처받는다. 누군가를 섬기는 일도 먼저 섬기는 대상이 좋은지, 자신보다 나이가 많은지를 따진다. 또한 자신에게 실질적인 이득을 안겨 줄 만한 상황에서 섬기려고 한다. 일방적으로 섬기기만 하고 자신에게 돌아오는 것이 아무것도 없다면 상처를 받는 것이 우리의 속성이다. 우리는 이 점을 인정해야 한다. 그리고 모든 일의 주권을 가지신 분이 하나님 이심을 차츰 깨달아야 한다.

마음속 깊은 곳에 있는 옛 자아의 속성인 이기심을 인정하지 않는다면, 아마도 하나님을 원망하거나 하나님이 하시는 일에 대한 불평이 계속될 것이다. 여러 번 언급했듯이, 주님의 말씀에 비추어지는 자신의 모습을 보는 것은 쉬운 일이 아니다.

우리는 주님의 말씀의 빛 앞에서 자신의 이기심을 인정하고 고백함으로써 주님의 긍휼하심과 성령의 능력을 힘입어 순기능적인 삶을 살아야 한다. 십자가의 능력으로 죄와 세상을 이기는 자는 세상에서 환란을 당하지만 넉넉히 이기는 자로 살아가게 될 것이다.

이것을 너희에게 이르는 것은 너희로 내 안에서 평안
을 누리게 하려 함이라 세상에서는 너희가 환난을 당
하나 담대하라 내가 세상을 이기었노라 >>> 요 16:33

주님 보좌 앞에서
: 주님이 마음을 만져 주시면!

우리 기도 모임 팀원들은 개인 기도의 절실함을 깨닫기 시작하면서 각자의 기도에 전념했다. 말씀을 붙들고 드리는 기도는 내면의 어둠을 발견하고 솔직하게 나누면서 그 가치가 빛났다. 말하자면, 겸손한 자리로 계속해서 내려갔던 것이다. 우리는 누군가의 탓으로만 돌렸던 마음이 영적 교만이었음을 인정하고 고백하며 회개 기도를 올렸다.

깊어진 신앙 형태는 진정한 십자가의 용서와 사랑을 경험하는 일과 함께 하나님의 주권적인 역사를 기대하고 주님의 은혜를 받는 또 다른 차원의 믿음으로 자라났다. 우리는 삐거덕거릴 수밖에 없는 관계를 인정하면서도 묵상과 기도를 통해 올바른 길로 나아갔으며, 주님의 보좌 앞에서 은혜와 평강과 기쁨을 누릴 수 있었다.

우리가 부단히 애쓰고 힘써야 하는 일이 '믿음'이 자라나게 하는 것임을 받아들이기까지는 시간이 필요했다. 개인 기도를 통한 주님과의 만남은 실제적으로 상처를 치유하고 회복하는 열매를 맺었다.

복음서에는 주님의 임재 사건이 기록되어 있는데, 우리는 그 말씀에 등장하는 맹인, 듣지 못하는 자, 걷지 못하는 자, 나병 환자와 같은 모습을 하고 있었다. 주님의 임재를 통해서 주님의 말씀에 의지해 죄 사함과 병 고침 받는 역사를 맛보게 된 것이다. 진정한 기쁨이 북받쳐 올라오면서 우리는 하나가 되어 가고 있었다.

하나님의 임재를 경험하지 않고는 말이 통할 수 없었다. 우리는 기도 모임으로 모였고, 하나님의 말씀에 대한 묵상을 함께 나누었고, 삶에서 역사하는 말씀의 능력을 경험했다. 함께 은혜의 보좌 앞에 나아가게 된 것이다.

> 그러므로 우리는 긍휼하심을 받고 때를 따라 돕는 은
> 혜를 얻기 위하여 은혜의 보좌 앞에 담대히 나아갈
> 것이니라 >>> 히 4:16

성경 속 단어를 현실에서 경험하는 일은 그 단어의 문자적인 의미를 이해하는 것과는 전혀 다른 차원이다. 우

리의 삶을 실제적으로 이끌어 가는 하나님의 말씀은 역동적이어서 변화를 일으키고, 그 변화는 우리 모두를 행복하게 한다.

작은 기쁨을 맛보면 그 기쁨을 계속해서 맛보고 싶어하는 마음이 생기기 마련이다. 우리 역시 묵상과 기도를 통해 계속 발전하고 싶은 마음이 생겼다. 그러나 이 마음이 '세상을 품고 변화시키는 것'과 같은 기대나 비전을 갖게 하지는 못했다. 우리는 '언젠가는 주님의 마음을 품고 세상으로 나아가 주님의 복음을 전할 때가 오겠지' 하는 비전을 품고 중보 기도를 했다.

'주님의 보좌', '회개의 보좌', '은혜의 보좌'라는 말은 동일한 장소를 나타내는 표현으로서 하나님 임재의 장소를 뜻하는데, 구약 시대 당시 성막에 있던 지성소를 의미한다. 우리는 지성소에서 하나님과 만났다.

"지성소 기도가 무엇인지 몰랐는데 이번에 알았어요. 내 모습이 적나라하게 드러나고, 그 모습 그대로 주님 앞에 서서 죄 사함을 받는 거였어요. 하나님이 내 병을 고치시는 역사를 경험하고 새사람이 되어 그 기쁨을 세상에

전하고 싶은 마음이 생긴 이유는 진정으로 주님을 만났기
때문이에요. 정말 기뻐서 뭐라 표현하기 어려울 정도로
감격과 감동이 떠나지 않습니다."

　우리는 이런 간증을 하며 세상이 줄 수 없는 기쁨을
맛보았다.

기도하는 사람들은 주님의 임재를 통해서 은사와 능력을 경험할 수 있다. 이 땅의 삶은 어린양의 신부로서 거룩한 삶을 준비하는 곳이다. 정결한 옷을 더럽히지 않고, 주님이 오실 그날을 위해 단장하며 흠 없이 보존하는 준비 기간이라 할 수 있다.

우리가 단장할 때 깨끗한 옷을 입는 법을 가르쳐 주시는 분이 있다. 바로 성령님이다. 더럽혀진 것을 깨끗하게 씻어 내는 일은 새 영이 부어져야 가능하다. 맑은 물로 씻어 내고 예수님의 향기로 단장하는 일은 성령님의 도우심이 있어야 하는 것이다. 말씀과 기도를 통해 성령님의 임재와 충만을 경험하면 여러 현상과 역사를 맛보게 된다.

참된 예배는 자신이 가진 최고의 것, 최선의 것을 하나님께 드리는 것이다. 예배는 하나님께 찬양을 드리는 것이고, 기도를 드리는 것이고, 말씀을 깨달은 대로 사는 삶을 드리는 것이며, 하나님이 주신 모든 것에 대해 감사하는 마음으로 예물을 드리고, 모든 영광을 드리는 것이다.

하나님과의 관계가 화목하게 된 우리는 하나님과 만나기 위해 정결함을 입어야 한다. 매일 깨끗하게 씻을 수 있는 것은 그리스도인의 특권이며 참된 복이다. 샘물과 같은 보혈이 우리를 매일 씻어 주므로 우리는 세상의 때인 죄와 이기심과 정욕의 더러움을 그대로 갖지 않고 새 사람이 될 수 있다.

날마다 씻는 사람은 점점 깨끗해질 수밖에 없다. 그런 사람은 주님의 마음을 담은 그릇이 되어 세상에서도 영향력을 발휘하는 그리스도인으로 살아가게 된다. 이 일은 주님 앞에서 주님의 약속을 붙들고 기도하는 사람들에게 나타나는 성령 충만이다.

또한 개인 묵상과 기도를 드리는 경건한 삶은 예배다. 진리와 성령으로 드리는 예배다.

> 하나님은 영이시니 예배하는 자가 영과 진리로 예배 할지니라 >>> 요 4:24

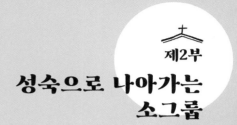

제2부

성숙으로 나아가는
소그룹

chapter 6

서로 가장 낮은 곳으로
: 제자리로 가는 연습

마음 밭에서 자라는 열매

낮은 곳으로 가는 것은 우리 스스로의 노력으로 되는 일이 아니다. 겉으로는 예의 바르고 좋은 태도를 보이지만, 오랜 시간이 지나면 결국 솔직한 내면의 생각이 불쑥불쑥 나타나게 되어 있다. 인간의 마음은 주님의 말씀이라는 씨를 받아 열매를 맺는 밭과 같다. 마음 상태에 따라 열매를 맺는 것이 다르다.

교회 안에서 함께 예배드리고 은혜를 받기 원하는 모습은 모두 비슷하다. 하지만 선포되는 말씀을 비판하고, 의심하고, 제대로 집중해 듣지 않으려는 교만한 마음은 이미 사탄에게 마음 밭을 빼앗긴 것과 마찬가지다. 이러한 사람은 믿음에서 파선할 가능성이 많다. 또한 믿음이 조금씩 자라고 있지만 환난이나 박해에 넘어지는 사람은 감정의 기복이 심하고 변덕스러워서 신앙을 저버리게 된다. 그나마 이 두 가지 경우는 마음 밭을 옥토로 가꾸면 말씀의 씨가 열매를 맺는다.

한편 세상의 염려와 재물의 유혹은 그 기운이 강해 믿음이 제대로 자라나지 못하도록 방해한다. 그러므로 마음 밭은 주님의 말씀을 받아들이기로 결단하고 갖은 세상 유혹을 이겨 내야만 열매를 맺을 수 있는 좋은 땅이 된다.

우리는 마음 밭을 가꾸는 일에 동의하고, 묵상 나눔과 기도를 통해 주님의 마음을 품기로 했다.

> 아무나 천국 말씀을 듣고 깨닫지 못할 때는 악한 자가 와서 그 마음에 뿌려진 것을 빼앗나니 이는 곧 길가에 뿌려진 자요 돌밭에 뿌려졌다는 것은 말씀을 듣고 즉시 기쁨으로 받되 그 속에 뿌리가 없어 잠시 견디다가 말씀으로 말미암아 환난이나 박해가 일어날 때에는 곧 넘어지는 자요 가시떨기에 뿌려졌다는 것

은 말씀을 들으나 세상의 염려와 재물의 유혹에 말씀
이 막혀 결실하지 못하는 자요 좋은 땅에 뿌려졌다는
것은 말씀을 듣고 깨닫는 자니 결실하여 어떤 것은
백 배, 어떤 것은 육십 배, 어떤 것은 삼십 배가 되느
니라 하시더라 >>> 마 13:19-23

개인 기도를 통해 가장 낮은 곳으로 내려가지 않으면
사탄에게 빈틈을 보여 죄짓는 일이 발생했고, 이는 기도
모임에 폐를 끼쳤다. 기도의 자리에서 성령님이 깨닫게
하시는 일들은 구체적인 변화에 대한 요청이었고, 우리는
서로가 변화할 수 있도록 격려했다.

예를 들어, 관계 가운데 불편한 일이 생기면 '내가 무
슨 잘못을 했단 말인가!'라는 의문이 생기는 것이 당연하
다. 하지만 우리는 계속 기도에 매달렸고, 말씀으로 감화,
감동하면 자신의 잘못이 고스란히 느껴졌다. 진리의 말씀
가운데 깨달음을 얻는 성령님의 역사가 임하면 우리 자신
의 마음을 들여다볼 수 있는 은혜의 시간이 이어졌다.

이때 무엇을 선택하느냐는 우리에게 매우 중요한 문

제가 되었다. 양심이 찔리는 경우도 있었고, 상대방에 대한 원망과 불평이 가득할 때도 있었다. 하지만 성령님은 이런 복잡한 마음을 정리해 가시며 우리를 거룩한 길로 인도하셨다. 우리가 할 일은 말씀에 근거해 감화, 감동을 주시는 성령님의 역사를 겸손히 받아들이는 것이었다. 다시 말해, 주님이 주신 마음을 따라 순종하겠다는 의지를 세우고 결단하는 것이 우리의 몫인 것이다. 우리는 충동적인 감정이 아니라 성령의 감화, 감동에 대한 반응인지를 구별해야 했다.

Tip
자기 정체성이 세워지는
개인 기도 시간을
가져야 합니다

창세기에는 모든 만물을 창조하신 하나님이 하나님의 형상을 따라 만드신 인간을 향해 계획하신 일이 나온다. 하나님은 생육하고, 번성하고, 땅에 충만하고, 땅을 정복하고, 모든 생물을 다스리는 일을 인간에게 위임하셨다 (창 1:28). 하나님이 인간을 창조하신 목적을 분명히 들여다볼 수 있는 말씀이다.

그러나 인간이 죄를 지음으로 하나님의 형상이 산산조각 났고, 조각난 하나님의 형상을 말끔하게 되돌릴 수 있는 길을 잃어버렸다.

예수님은 육체로 이 세상 가운데 오셔서 우리의 죄를 위해 십자가에서 희생 제물이 되어 주셨고, 사망 권세를 이기셨다. 그러므로 우리는 이제 그 어떤 것에도 정죄당하지 않는 존재가 되었다. 하나님의 임재를 체험할 수 있는 길이 열렸기에 하나님을 예배하며 닮아 가는 회복을 맛보게 된 것이다.

우리는 깨어진 하나님의 형상을 하나씩 회복해야 한다. 이미 지옥에 살고 있던 우리가 구원을 받은 것은 오직 하나님의 은혜로 된 것임을 잊지 말자.

매일 이러한 마음으로 주님을 따라가려면 우리가 은혜로 구원받았음을 기억해 낼 수 있도록 돕는 약속(진리의 말씀)들과 그 약속들을 믿을 수 있는 마음을 공급해 주는 시간과 자리가 필요하다. 이처럼 개인 기도에서 가장 중요한 것은 하나님의 자녀로서의 정체성을 갖는 것이다.

곧 육신의 자녀가 하나님의 자녀가 아니요 오직 약속의 자녀가 씨로 여기심을 받느니라 >>> 롬 9:8

하나님이 원래 의도하신 나의 자리

하나님과의 관계에서 자기 정체성이 정리되고 나면 다른 사람과의 관계에서 섬기는 자의 마음을 세우고, 공동체적으로 하나님이 원래 의도하신 자리에 가야 한다는 목표를 정해야 한다. 에덴동산에서 살았던 인간은 그 자리에 머물 때 영원한 복락을 누릴 수 있다. 하나님이 하나님 되시고, 인간이 인간다운 그 자리 말이다.

기도하는 우리는 자신의 자리를 떠나 있기 때문에 불안과 두려움이 생겼다는 사실을 깨달았다. 모두가 말씀에서 길을 찾으려고 매일 묵상과 기도의 시간을 가지려 했다. 그러나 익숙한 일상을 바꾸는 일은 쉽지 않았다. 하나의 습관을 바꾸는 일은 그동안 그 습관을 갖기까지 들었던 시간보다 몇 배의 시간을 필요로 했다.

우리의 마음은 조금씩 조급해졌고, 그러면서 불순종의 생각이 파고들었다. 어떤 결과물이든 내보이고 싶었기에, 하나님 앞에서 진정으로 변화된 모습인지는 중요하게 여기지 않고 사람들 앞에서 달라진 모습을 보여 주려고 애썼다. 우리는 스스로 외식하는 바리새인과 서기관이 아니

라고 생각했다. 거룩하고 깨끗한 존재로서 높은 차원의
영적 분별력을 소유해 다른 사람들을 올바르게 판단한다
고 여겼다.

> 그러므로 무엇이든지 그들이 말하는 바는 행하고 지
> 키되 그들이 하는 행위는 본받지 말라 그들은 말만
> 하고 행하지 아니하며 또 무거운 짐을 묶어 사람의
> 어깨에 지우되 자기는 이것을 한 손가락으로도 움직
> 이려 하지 아니하며 그들의 모든 행위를 사람에게 보
> 이고자 하나니 곧 그 경문 띠를 넓게 하며 옷 술을 길
> 게 하고 잔치의 윗자리와 회당의 높은 자리와 시장에
> 서 문안받는 것과 사람에게 랍비라 칭함을 받는 것을
> 좋아하느니라 >>> 마 23:3-7

현재의 마음과 정신이 이전보다 건강할 때는 자신이
이전에 행했던 일과 속마음을 떠올리면 움찔하며 부끄러
워진다. 우리는 너 나 할 것 없이 과거 자신의 모습을 회
개하며 애통한 마음을 토설하기 시작했다. 수치스럽고 부

끄러웠지만 소그룹에서 각자가 드린 회개 기도는 우리의 마음을 하나님 나라로 이끌어 주었다.

> 그러나 너희는 랍비라 칭함을 받지 말라 너희 선생은 하나요 너희는 다 형제니라 땅에 있는 자를 아버지라 하지 말라 너희의 아버지는 한 분이시니 곧 하늘에 계신 이시니라 또한 지도자라 칭함을 받지 말라 너희의 지도자는 한 분이시니 곧 그리스도시니라 너희 중에 큰 자는 너희를 섬기는 자가 되어야 하리라 누구든지 자기를 높이는 자는 낮아지고 누구든지 자기를 낮추는 자는 높아지리라 >>> 마 23:8-12

공동체적인 회개 기도가 터지면서 우리의 합심 기도는 역동적으로 변해 갔다. 하나님 앞에서 드리는 기도는 우리가 이전에 경험했던 기도가 아니었다. 기도하고 나면 자신의 부끄러운 모습을 거듭 기억하며 변화하려는 의지를 불태웠다.

그럼에도 불구하고 우리가 갖고 있는 어둠을 해결하

는 데는 많은 시간이 필요했다. 왜냐하면 어떤 사건이 없이는 우리가 무엇을 잘못하고 있는지, 어떤 것을 고집하고 있는지 알 수 없었기 때문이다. 불편한 관계는 우리 안의 어둠에 대해 드러내 주었다. 우리는 그 어둠을 핑계 대지 않고 하나님 앞에 회개 기도로 나아갔다. 이처럼 개인 기도와 공동체적 기도가 동시에 이루어지면서 서로를 긍휼히 여기는 분위기가 조성되었다.

물론 우리의 어둠은 거창한 죄들은 아니었다. 이기심과 정욕으로부터 생겨난 소소한 감정과 그 감정에서 비롯된 부정적인 언어나 행동이었다. 죄와 허물은 우리가 그 자리에서 벗어날 수 없는 존재임을 밝혀 주었다.

그러나 이제는 살아 계신 주님 덕분에 우리에게는 영원한 생명을 가진 자로서 죄를 거절하고 이길 수 있는 능력이 생겼다. 우리는 죄의 종노릇하는 과거로 돌아가지 않기로 결단했고, 하나님이 원래 의도하신 자리에 머물 것을 선언했다.

원래 의도하신 자리로 가려면 하나님의 말씀을 알아야 합니다

그리스도인이 자기 정체성을 알게 된다는 것은 주님을 어떻게 따를 것인가를 아는 것과 같다. 주님의 말씀대로 순종하는 것이 행위에만 있는 것이 아니라 마음에서부터 받아들인 믿음이 수반되어야 한다.

이를테면 "항상 기뻐하라"(살전 5:16)는 주님의 말씀을 묵상한 후 겉으로만 기쁜 척한다면 그것은 스스로를 속이는 일이다. 처음에는 이중성 때문에 괴로울 수 있지만, 마음에서 진정한 기쁨이 샘솟을 때까지 말씀을 붙들어야 한다. 그리고 인간은 스스로 기쁠 수 없는 존재임을 깨달아야 한다.

우리의 본성은 원하는 것이 채워지지 않으면 기쁨이 생기지 않는다. 하지만 그리스도인은 인간적으로 원하는 것을 내려놓는 훈련이 필요하다. 인간의 욕심을 내려놓고

주님의 주권적인 역사가 임해야 우리의 마음에 진정한 평
안과 기쁨이 채워질 수 있는 것이다. 하나님이 모든 것을
책임지신다는 믿음이 없으면 불안과 결핍이 우리를 끊임
없이 괴롭힐 것이다.

옛 사람의 죄 된 습관이 우리를 옥죄고 있지만 그리스
도께서 십자가에서 우리의 죄를 위해 죽으셨음을 기억하
고, 우리가 죄에 대하여 죽고 하나님께 대하여 산 자가 되
었다는 믿음을 굳건히 해야 한다. 인간적인 생각의 기준
은 약하기에 언제나 사탄이 틈을 노릴 수 있다. 죄악 된
생각이 죽고 예수 그리스도 안에서 영원한 생명의 약속을
받아들인 믿음으로 주님의 약속을 따라가는 것이 진정한
평안이고 기쁨임을 받아들이자.

그가 죽으심은 죄에 대하여 단번에 죽으심이요 그가 살아 계심은 하나님께 대하여 살아 계심이니 이와 같이 너희도 너희 자신을 죄에 대하여는 죽은 자요 그리스도 예수 안에서 하나님께 대하여는 살아 있는 자로 여길지어다 >>> 롬 6:10-11

관계 맺기

: 개인 기도로 어떻게 준비할 것인가?

개인 기도를 가장 잘 배울 수 있는 방법은 주님의 기도를 배우는 것이라고 생각한다. 그래서 우리 기도 모임 팀원들은 주기도문을 활용하기로 마음을 모았다. 주님이 가르쳐 주신 주기도문과 요한복음 17장에 기록된 예수님 자신을 위한 기도 및 제자들을 위한 중보 기도를 읽고 깊이 묵상하며 각자 개인의 기도에 적용하기 시작했다.

공동체로 기도하기에 앞서 필요한 전제가 있다. 그것은 개인이 먼저 하나님 아버지 안에서 자기 정체성을 확인하고, 하나님의 뜻을 따라 하나님 나라가 임하는 통로로서의 정결함을 갖는 것이다. 우리는 이 점에 동의하고 기도를 시작했다. 팀원들은 신앙의 정도도 다르고, 묵상과 기도도 모두 달랐지만 나라와 민족, 열방을 위해 기도하는 마음만은 하나로 모았다.

또한 우리는 느헤미야 기도, 즉 짝 기도를 했다. 서로를 알려는 노력이 필요했기 때문이다. 기도할 때 유창하고 수려한 말투로 해야 기도를 잘하는 것은 아니다. 우리

는 관계의 어려움을 놓고 기도할수록 기도의 기술이 늘어
나는 것을 느꼈다. 아무리 청산유수로 기도해도 삶은 주
님과 동떨어져 있을 수 있다.

　우리는 자신의 기도 제목을 응답받고 싶은 기대와, 불
편한 관계를 기도로 풀어야 한다는 점에서 마음이 일치하
면서 모두 느헤미야 기도에 열심을 냈다. 대부분 개인 기
도 제목들은 개인과 가정의 문제였는데, 사실 그런 이야
기들은 깊은 교제가 바탕이 되어야 가능하기 때문에 서로
가 터놓고 말하기까지 오랜 시간이 걸렸다.

　느헤미야 기도가 반복되면서 우리는 서로를 깊이 알
아 가게 되었다. 그런데 또다시 문제가 생겼다. 마음속으
로 상대를 판단하고 정죄하는 일이 생긴 것이다. 강한 성
격의 소유자들과 부드러운 성격의 소유자들이 부딪히면
서 자기 방식대로 상대방을 해석하는 등 내면의 연약함을
드러냈다. 기도 제목을 깊이 있게 나눌수록 좋은 방향으
로 변화되는 것이 아니라 오히려 사람 앞에서 의를 이루
려는 모습이 나타났다.

　우리는 이 모든 일의 원인이 개인 기도가 부족했기 때

문이라고 인정했다. 개인 기도가 기도 모임을 역동적으로 만들어 준다는 데 깊이 동의한 후 다시는 개인 기도가 부족해 마음이 좁아지는 일이 없도록 애쓰자고 다짐했다.

> 너희가 우리 안에서 좁아진 것이 아니라 오직 너희
> 심정에서 좁아진 것이니라 >>> 고후 6:12

Tip
주기도문과
요한복음 17장으로
드리는 기도

1. 주기도문으로 드리는 기도

첫째, 하늘에 계신 우리 아버지의 이름을 부르는 것으로 기도를 시작한다. 겸손한 마음으로 하나님 아버지의 이름을 부르며 시작하는 기도는 하나님께 주권을 드리는 것이다.

둘째, 아버지의 이름을 거룩하게 하시며, 아버지의 나라가 오게 하시며, 아버지의 뜻이 하늘에서와 같이 땅에서도 이루어지기를 간구한다. 이는 이미 이루어진 예수님의 십자가 승리와 영원한 부활 생명에 대한 약속의 성취가 이 땅에서 예수 그리스도를 믿는 자들을 통해 구현되고 있음을 의미한다. '하늘에서와 같이 땅에서도'라는 후

렴구와 같은 기도문은 하나님의 이름이, 하나님의 나라가, 하나님의 뜻이 하늘에서 이루어진 것같이 믿는 우리를 통해서 땅에 이루어지기를 기도하라는 뜻이다.

셋째, 일용할 양식을 구한다. 이 땅에서 이루어진 것이 있어야 우리가 받을 양식이 있다. 교회는 매일의 영혼의 양식을 받을 수 있는 은혜의 장소다. 우리는 교회를 통해 건강한 신학의 토대 위에 말씀을 배우고, 묵상하고, 깨닫는 일에 도움을 받을 수 있다.

하나님과의 관계가 회복된 구원받은 신자들은 그리스도의 보혈을 힘입어 십자가의 사랑이 어떤 것인지 알게 된다. 죄에 대한 깊은 깨달음이 오고, 그 죄를 사해 주신 하나님의 용서와 그분의 깊은 사랑을 알게 되는 것이다.

넷째, 시험에 들지 않기를 기도한다. 왜냐하면 세상은 세상에 속한 자들에게 역사하는 것이 아니라 믿는 그리스도인들을 유혹과 시험으로 공격하기 때문이다. 예수님은 겟세마네 동산에서 제자들에게 한 시간도 깨어 기도하지 못하느냐고 말씀하신 후 시험에 들지 않게 깨어 기도하라고 권면하셨다.

> 제자들에게 오사 그 자는 것을 보시고 베드로에게 말씀하시되 너희가 나와 함께 한 시간도 이렇게 깨어 있을 수 없더냐 시험에 들지 않게 깨어 기도하라 마음에는 원이로되 육신이 약하도다 하시고
>
> >>> 마 26:40-41

우리를 악에서 구하실 수 있는 분은 오직 하나님뿐이
시다. 주님은 십자가의 피로 우리의 모든 죄를 속량하셨
고, 더 이상 사탄이 참소하는 죄에 대해 정죄함을 받지 않
도록 이기셨다.

> 그러므로 이제 그리스도 예수 안에 있는 자에게는 결
> 코 정죄함이 없나니 이는 그리스도 예수 안에 있는
> 생명의 성령의 법이 죄와 사망의 법에서 너를 해방하
> 였음이라 >>> 롬 8:1-2

그러므로 우리는 세상에서 환란을 당하지만 담대할
수 있다. 이미 이긴 싸움을 싸우고 있기 때문이다. 이러한
모든 이유로 나라와 권능과 영광이 영원히 아버지의 것임

을 예배하고 찬송하는 것이다.

> 이것을 너희에게 이르는 것은 너희로 내 안에서 평안
> 을 누리게 하려 함이라 세상에서는 너희가 환난을 당
> 하나 담대하라 내가 세상을 이기었노라 >>> 요 16:33

2. 요한복음 17장 예수님의 기도로 드리는 기도

첫째, 예수님은 자신을 위해 기도하셨다. 우리 기도의
시작도 자신을 위한 개인 기도가 필수적이다.

> 예수께서 이 말씀을 하시고 눈을 들어 하늘을 우러
> 러 이르시되 아버지여 때가 이르렀사오니 아들을 영

화롭게 하사 아들로 아버지를 영화롭게 하게 하옵소
서 아버지께서 아들에게 주신 모든 사람에게 영생을
주게 하시려고 만민을 다스리는 권세를 아들에게 주
셨음이로소이다 영생은 곧 유일하신 참 하나님과 그
가 보내신 자 예수 그리스도를 아는 것이니이다 아버
지께서 내게 하라고 주신 일을 내가 이루어 아버지를
이 세상에서 영화롭게 하였사오니 아버지여 창세전
에 내가 아버지와 함께 가졌던 영화로써 지금도 아버
지와 함께 나를 영화롭게 하옵소서 >>> 요 17:1-5

개인 기도의 목적이 명확하게 나타나 있는 기도다. 개
인 기도의 첫 번째 목적은 하나님을 영화롭게 하는 것이
다(1절). 개인 기도의 두 번째 목적은 하나님을 영화롭게

하기 위함인데(4절), 예수님이 십자가를 지기 위해 성육신하셔서 이 땅에 오신 것이다. 우리가 배워야 할 개인 기도가 바로 이것이다. 자기 자신을 부인하고, 예수님이 십자가를 지신 것같이 우리도 다른 사람들의 구원을 위해 자기 십자가를 지는 것이다.

자기 부인과 자기 십자가를 지는 것은 주님의 임재를 체험하지 않은 사람에게는 불가능하다. 자신의 옛 사람이 죽는 것을 경험하는 일은 실제적이며, 새 생명의 약속을 붙드는 것도 실제적이다. 그렇기 때문에 믿음이 없으면 이 말씀이 막연하게 다가온다. 하지만 실제적인 믿음을 가지면 우리는 다른 사람을 위해 자신을 내어 주는 사랑과 구원의 통로가 될 수 있다.

우리의 구원은 영생을 얻는 것이다. 그리고 영생은 유

일하신 참 하나님과 그분이 보내신 예수 그리스도를 아는
것이다. 개인 기도는 하나님과 예수 그리스도를 알기 위
한 수단이다.

둘째, 예수님은 사랑하는 제자들을 위해 기도하셨다.
우리에게도 양육 대상이 있다. 자녀들과 순, 소그룹, 사역
으로 만나는 교회 공동체의 모든 사람이 기도 대상자다.

세상 중에서 내게 주신 사람들에게 내가 아버지의 이
름을 나타내었나이다 그들은 아버지의 것이었는데
내게 주셨으며 그들은 아버지의 말씀을 지키었나이
다 지금 그들은 아버지께서 내게 주신 것이 다 아버
지로부터 온 것인 줄 알았나이다 나는 아버지께서 내

게 주신 말씀들을 그들에게 주었사오며 그들은 이것
을 받고 내가 아버지께로부터 나온 줄을 참으로 아오
며 아버지께서 나를 보내신 줄도 믿었사옵나이다 내
가 그들을 위하여 비옵나니 내가 비옵는 것은 세상
을 위함이 아니요 내게 주신 자들을 위함이니이다 그
들은 아버지의 것이로소이다 내 것은 다 아버지의 것
이요 아버지의 것은 내 것이온데 내가 그들로 말미암
아 영광을 받았나이다 나는 세상에 더 있지 아니하오
나 그들은 세상에 있사옵고 나는 아버지께로 가옵나
니 거룩하신 아버지여 내게 주신 아버지의 이름으로
그들을 보전하사 우리와 같이 그들도 하나가 되게 하
옵소서 내가 그들과 함께 있을 때에 내게 주신 아버
지의 이름으로 그들을 보전하고 지키었나이다 그중

의 하나도 멸망하지 않고 다만 멸망의 자식뿐이오니
이는 성경을 응하게 함이니이다 지금 내가 아버지께
로 가오니 내가 세상에서 이 말을 하옵는 것은 그들
로 내 기쁨을 그들 안에 충만히 가지게 하려 함이니
이다 내가 아버지의 말씀을 그들에게 주었사오매 세
상이 그들을 미워하였사오니 이는 내가 세상에 속하
지 아니함같이 그들도 세상에 속하지 아니함으로 인
함이니이다 내가 비옵는 것은 그들을 세상에서 데려
가시기를 위함이 아니요 다만 악에 빠지지 않게 보전
하시기를 위함이니이다 내가 세상에 속하지 아니함
같이 그들도 세상에 속하지 아니하였사옵나이다 그
들을 진리로 거룩하게 하옵소서 아버지의 말씀은 진
리니이다 아버지께서 나를 세상에 보내신 것같이 나

도 그들을 세상에 보내었고 또 그들을 위하여 내가
나를 거룩하게 하오니 이는 그들도 진리로 거룩함을
얻게 하려 함이니이다 >>> 요 17:6-19

　이 말씀은 제자들이란 어떤 사람인지를 명확히 알려
준다. 그들은 하나님 아버지의 소유였는데 이제 예수님께
속한 자들이 되었고, 하나님 아버지의 말씀을 지킨 자들
이라고 기록되어 있다. 다시 말해, 제자들이란 세상에서
하나님이 선택하셔서 예수님께 주신 자들이며, 주님이 하
신 말씀을 지키는 자들이다(6-8절).
　또한 제자들은 예수님의 비전과 마음, 그분의 사랑을
알아 가는 자들이다. 이러한 제자들을 훈련하는 원리는
나 자신의 것을 내려놓고 주님의 말씀, 주님의 마음, 주님

의 사랑만 흐르게 하는 것이다.

인간의 본성은 주님의 말씀보다는 자기 유익을 먼저 위하게 되어 있다. 예수님의 제자들인 우리는 본성을 거스르며 살아야 하는데, 우리의 힘으로는 계속해서 올라오는 오염된 죄를 처리할 수 없다. 우리는 예수님을 따라가기 위해 성령님의 도우심이 필요하다. 성령님은 말씀을 깨닫게 하시고, 말씀의 빛으로 우리 자신의 어둠과 죄를 드러내 보여 주신다.

그렇기 때문에 우리는 성령님의 도우심을 얻기 위해 개인 기도를 해야 하고, 그 기도 안에서 성령님의 도우심으로 주님의 말씀을 깨닫고, 이해하고, 받아들이는 믿음의 훈련을 해야 한다. 이러한 개인 기도가 전제되어야 주님을 따르기 위해 자기를 부인하고 자기 십자가를 질 수 있다.

그 후 예수님은 본격적으로 제자들을 위해 기도하셨다. 이 기도를 하기 위해서는 예수님의 보호하심과 인도하심, 그리고 지혜가 필요하다. 기도 내용은 다음과 같다.

- "우리와 같이 그들도 하나가 되게 하옵소서"(11절).
- "그들을 보전하고 지켜 주옵소서"(12절).
- "예수의 기쁨을 그들 안에 충만히 가지게 하옵소서"(13절).
- "악에 빠지지 않게 하옵소서"(14-15절).
- "진리로 거룩하게 하옵소서"(16-19절).

우리 마음의 기준은 우리가 받은 교육과 자신의 관념, 문화 등의 영향을 받은 것이다. 그러나 그리스도인에게는 명확한 기준이 되는 진리의 말씀이 있다. '거룩'이란 이러한 하나님의 말씀대로 순결해지는 것이다. 순결을 잃어버리면 마음이 공허하고 양심이 무뎌지거나 더러워져서 갈등하고 번민하게 된다.

진리의 말씀을 기준으로 생각하고 판단하고, 감정을 처리하고, 의지를 드릴 수만 있다면 우리의 양심은 점진적으로 깨끗해질 수 있다. 우리의 육체와 정신, 영혼이 하나님의 진리의 말씀에 순종하게 되면 점점 마음과 양심이 깨끗해져서 고독과 허무, 외로움이 사라진다.

하나님의 형상을 닮은 모습으로 점차적으로 변화되는 것은 거룩한 형상을 입는 것이고, 이는 파송과 상관이 있다(18절). 결론적으로 예수님의 말씀을 믿고 성령님의 인도하심을 따라 살아야 진정한 제자가 되는 것이다(19절).

셋째, 예수님은 앞으로 제자들을 통해 예수님을 믿게 될 사람들을 위해 기도하셨다. 우리도 우리를 통해 예수님을 믿게 될 사람들을 위해 기도해야 한다.

> 내가 비옵는 것은 이 사람들만 위함이 아니요 또 그들의 말로 말미암아 나를 믿는 사람들도 위함이니 아버지여, 아버지께서 내 안에, 내가 아버지 안에 있는 것같이 그들도 다 하나가 되어 우리 안에 있게 하사 세상으로 아버지께서 나를 보내신 것을 믿게 하옵소서 내게 주신 영광을 내가 그들에게 주었사오니 이는 우리가 하나가 된 것같이 그들도 하나가 되게 하려 함이니이다 곧 내가 그들 안에 있고 아버지께서 내 안에 계시어 그들로 온전함을 이루어 하나가 되게 하

려 함은 아버지께서 나를 보내신 것과 또 나를 사랑
하심같이 그들도 사랑하신 것을 세상으로 알게 하려
함이로소이다 아버지여 내게 주신 자도 나 있는 곳
에 나와 함께 있어 아버지께서 창세전부터 나를 사랑
하시므로 내게 주신 나의 영광을 그들로 보게 하시기
를 원하옵나이다 의로우신 아버지여 세상이 아버지
를 알지 못하여도 나는 아버지를 알았사옵고 그들도
아버지께서 나를 보내신 줄 알았사옵나이다 내가 아
버지의 이름을 그들에게 알게 하였고 또 알게 하리니
이는 나를 사랑하신 사랑이 그들 안에 있고 나도 그
들 안에 있게 하려 함이니이다 >>> 요 20-26절

- 하나님이 이미 베푸신 것을 현재 받아들이는 것이 믿음이다(21절).
- 그들도 하나가 되기를 기도하셨다(22절). 하나가 되면 싸울 일, 따질 일이 있어도 하지 않고 스스로 고치게 된다.
- 세상으로 하여금 알게 해야 하는 것이 있다(23-24절). 나를 보고, 교회를 보고 하나님을 알게 하는 것이다. 희생과 포기, 헌신과 섬김을 세상에 나타내는 것은 매우 강력하고 위대한 설교다. 이러한 삶은 다른 사람들에게 감동을 준다. 나를 통해 세상이 감동받아 예수님을 믿게 할 수 있는 예배자의 삶을 사는 것이 그리스도인의 목표다.
- 세상 사람들이 하나님 아버지의 이름을 알기를 기

도하셨다(25-26절). 십자가의 사랑을 실현하는 헌신적인 삶은 하나님 아버지의 이름이 거룩히 여김을 받게 한다. 그리스도인의 삶은 누군가가 보게 되어 있다. 따라서 본성으로 살아가는 옛 사람을 매일 십자가에 못 박고, 예수님이 주신 새로운 부활 생명을 경험해야 한다. 그 경험으로 다른 사람들을 배려하고 사랑하는 축복의 통로가 되는 것이 하나님의 영광을 바라보며 사는 그리스도인의 삶이다.

chapter 7

교회 안에서의 중보 기도
: 우리 함께 모여

소그룹 인도자가 되는 것

교회 소그룹 기도 모임은 매주 진행되었다. 각 기도 모임마다 모임의 목적이 달랐다. 교회를 위한 릴레이 기도, 사역을 위한 중보 기도, 자녀를 위한 기도, 남편을 위한 기도, 열방 소수 민족과 이스라엘을 위한 기도 등 다양했다.

하나님이 공동체로 모이게 하신 교회 소그룹은 교회 지체들의 가장 작은 단위다. 순이나 구역, 목장 등 소그룹이 건강하다는 의미는 곧 교회 전체가 건강하다는 뜻이다. 교회 규모와 상관없이 가장 작은 단위인 소그룹이 건강하게 운영된다면 아무리 교회의 규모가 커지더라도 작은 교회에 서로 친밀하게 모인 것과 같은 효과를 낼 수 있다. 몸

속 세포가 분열해 성장을 이루는 것처럼 역동적인 영적 갱신이 계속해서 일어날 수 있는 것이다.

소그룹에서 가장 중요한 것은 소그룹 인도자다. 많은 그리스도인이 "기도하는 데 왜 훈련과 양육이 필요합니까?"라고 묻곤 한다. 기도는 영적 도구이기에 예수 그리스도를 중심으로 훈련하지 않으면 기복적인 기도만 드리게 된다. 자신만을 위한 기도는 세상에서 우상을 섬기는 자들도 동일하게 하는 기도라는 사실을 명심해야 한다.

나는 20년간 순 모임을 이끌며 주중 소그룹 중보 기도 모임을 인도했다. 교회는 중보 기도를 할 수 있는 기회와 장소를 얼마든지 제공해 주었다. 덕분에 선교 팀 중보 기도를 맡고 있으면서도 철야 기도회, 무릎 선교 기도, 남편을 위한 기도 모임 사역을 담당하며 섬길 수 있었다. 매주 모여서 묵상한 말씀을 나누고, 열방과 나라, 민족, 교회, 가정을 위한 기도 제목을 나누었다. 통성 혹은 방언, 때로는 침묵으로 기도하며 하나님의 뜻을 따르기를 힘썼다.

그런데 가장 어려웠던 것은 기도 방법이나 모이는 사람들의 수가 아닌 관계였다. 소그룹이 오랫동안 함께하다

보면 고인 물처럼 썩기도 한다. 또한 한 사람의 인도자를 중심으로 모임을 이끌다 보면 그 인도자만을 따르는 무리가 생기는 함정에 빠지기도 한다.

그러나 오랜 기도의 용사들은 서로의 장단점과 은사를 알고 있으며, 스스로의 죄와 허물을 발견하고 새롭게 되기 위해 힘을 모으는 저력이 있다. 그래서 교회라는 울타리 안에서 진정한 공동체의 모습을 유지하며 관계 훈련을 해 나갈 수 있다. 이 훈련은 '세상에서 나는 어떤 사람으로 살아갈 것인가?'라는 질문에 대한 기준을 잡을 수 있게 도와준다.

내가 이끄는 기도 모임 팀원들은 이제 각자 인도자가 되어 소그룹 기도 모임을 이끌고 있다. 팀원들 가운데 또다시 인도자가 세워지는 일들이 이어지면서, 한마음으로 모여 역동적인 기도를 드리는 강력한 중보 기도 팀이 되어 가고 있는 것이다. 우리는 다음 세대를 위해, 나라와 민족을 위해, 평화 통일을 위해, 땅 끝까지 복음을 전하기 위해 기도로 아낌없이 지원해야 한다는 사명감으로 가득 차 있다. 자신들의 문제에만 집중하던 사람들이 이제는 더 넓은 시각과 마음으로 기도하게 된 것이다.

Tip

**교회와 소그룹 기도 모임은
같은 비전과 목적으로
함께해야 합니다**

그리스도의 지체인 우리는 하나님과 예수님, 성령님이 어떤 분이신가를 분명히 알고, 삼위일체 하나님이 계획하신 일들이 무엇인가를 알아야 한다. 그래야 그 뜻을 따라 기도할 수 있기 때문이다. 그런 기도 생활은 우리에게 세상에서 담대하며 넉넉히 이기는 힘을 제공해 준다.

만약 형편상 교회 안에서 소그룹 기도 모임을 당장 시작하기 어렵다면 포기하지 말고 담임목사님과 계속 의논하며 구체적인 상(像)을 만들고, 건강한 기도 모임이 만들어질 수 있도록 준비하자.

과거를 돌아보면 기도의 오류들이 있었다. 기도하다 보면 하나님의 임재 가운데 환상을 볼 수도 있고, 하나님의 음성을 들을 수도 있다. 은사를 경험하고, 하나님의 능력이 나타나기도 한다. 그러나 그 모든 것의 주인은 하나님이시다. 그럼에도 우리는 우리에게 나타난 현상이 자신의 특별한 능력이라 착각하고 교만에 빠지는 잘못을 범하게 된다. 이처럼 영적으로 교만해지면 교회의 권위에 순종하기가 어려워진다. 그러다 보면 자신이 중심이 되어 추종자들을 모으고 교회를 대적하는 일이 생길 수 있다.

하나님의 교회는 신비적 연합이 일어나는 공동체다. 분열이 아니라 겸손으로 연합하고, 함께 믿음의 주요 온전하게 하시는 예수님을 바라보는 공동체인 것이다.

소그룹에서 가장 조심해야 하는 영적 교만은 팀원들 사이를 분열시키는 일등공신이다. 그 누구도 분별하기 어려운 영적 교만에 빠진 사람은 목회자와 인도자, 동역자들을 비판한다. 칭찬과 영광에 목말라 있어 하나님의 영광을 나타내기보다 자신의 권위나 지위를 다른 사람들에게 인식시키려고 한다. 이를 위해 자신이 하나님과 특별한 관계임을 보여 주는 일에 집중한다. 영적 교만이나 무지, 개인주의, 정욕 등을 하나님 앞에서 돌이키는 회개의 역사 없이 신앙생활을 한다면 구원을 받고 의로워졌어도 변화되지 않고, 세상 사람들처럼 비참한 삶을 살 수밖에 없다.

교회는 이 땅의 신자들이 그리스도 안에서 함께 은혜를 누리고 사랑과 헌신의 마음을 가지고 세상에 파송되는 일을 담당하는 곳이다. 그러므로 함께 나아가기 위해서는 주님이 주신 교회의 비전을 동일한 목적으로 삼아야 한다.

> 항상 우리를 그리스도 안에서 이기게 하시고 우리로 말미암아 각처에서 그리스도를 아는 냄새를 나타내시는 하나님께 감사하노라 >>> 고후 2:14

하나님의 주권 인정하기

소그룹 기도 모임을 인도하면서 가장 어려운 문제 중 하나는 하나님의 주권을 인정하는 것이다. 각자가 갖고 있는 기준과 질서, 가치 체계가 세상적인 경우가 많기 때문에 그것들을 하나님 중심으로 바꾸는 과정에서 인내가 필요하다.

내가 소그룹 기도 모임의 인도자로서 어려웠던 점은 마음속 원망과 불평을 말하지 않고 있다가 갑자기 기도 모임을 떠나는 사람이 생긴 경우였다. 쌓인 감정을 사람들 앞에서, 또 하나님 앞에서 내놓지 않고 끌어안은 채 그저 피해 버리는 것이 과연 맞는 행동인가 고민하게 되었다.

가장 방해가 되는 것은 감정과 과거의 상처였다. 팀원들 한 사람, 한 사람의 기질과 성격이 다르고 감정과 이성을 다루는 방법도 달랐기에, 그것이 우리 안에 갈등 요소가 되었다. 그때 그중 일부는 갈등을 주님 앞에 가져가지 않고 자신의 판단대로 옳고 그름을 결정하고는 스스로 탈퇴하겠다는 결론을 혼자 내려 버렸다.

하나님의 주권을 인정하는 것은 내 생각을 버리고, 말

씀으로 거듭나 하나님의 뜻을 받아들이는 것이다. 그럼으로써 믿음이 자라난다. 하나님 앞에서 내 마음을 표현하는 정직한 기도는 믿음을 자라게 하는 가장 큰 요소다.

그런데 믿음이 자라기 전에 부정적인 생각이나 비성경적인 주장이 관계 안에서 표출되면 갈등이 일어나고 소그룹에 분열이 생긴다. 상한 감정은 우리의 감각과 지각을 둔하게 만든다. 오로지 자기 자신에게만 집중된 감정과 생각은 그리스도의 생각과 멀어지게 만들고, 상대에게 증오심만 안겨 준다. 말씀 묵상도 자기중심적으로 하게 되며, 갈수록 갈등의 골은 깊어지기만 한다.

이러한 문제는 단번에 해결되지 않는다. 오랜 시간 동안 인내하고, 훈련하며, 하나님이 말씀하시는 방향을 모두 깨닫고 동의해야 가능하다. 다른 사람을 판단하는 일에서 빠져나와 하나님의 주권을 인정하면서 자신의 내면을 들여다보는 일이 수반되어야 한다.

온누리교회 이재훈 목사님의 설교 가운데 나온 선악과에 대한 이야기다. 어느 날 엄마가 시장에 가면서 두 아이에게 말했다. "엄마가 시장에 다녀와서 꿀을 줄 테니 그때까지 참고 기다려라." 시간이 지나고 엄마가 시장에서 돌아와 보니 꿀단지의 뚜껑은 그대로 덮여 있었는데, 꿀단지 주변을 보니 침이 묻어 있었다. 엄마는 기뻐하며 꿀단지 뚜껑을 열고 아이들에게 꿀을 먹였다.

여기서 엄마가 기뻐한 이유가 무엇인가? 엄마의 말이 통했기 때문이다. 하나님이 말씀하신 선악과도 마찬가지다. 먹지 말라는 하나님의 말씀이 통해야 했다. 말이 통한다는 것은 말한 사람의 주권이 인정받았다는 의미다.

우리는 본질적으로 자기의 주권 영역을 만들려고 한다. 세상은 그 방식을 따라 자기의 영역을 넓혀 가기 위해 끊임없이 경쟁하고 다툰다. 하지만 주님의 말씀에 순종하는 그리스도인은 항상 주님을 따르는 자라야 한다는 점을 잊어서는 안 된다. 개인 영역이 아니라 하나님이 정해 주신 영역에서 주님이 주인의 권위를 갖고 계셔야 하는 것이다. 다시 말해, 주님의 말씀이 최종적인 권위를 지니며, 그 말씀의 권위에 순종하는 사람이 그리스도인이라는 뜻이다.

그러므로 그리스도인이라면 하나님의 말씀을 매일 묵상하고, 그 말씀을 순종하며 청지기적인 삶을 살기 위해 주님의 능력을 힘입게 해 달라고 기도해야 한다. 말씀을 묵상하고 기도하는 것은 주님의 마음과 뜻을 알고 순종하기 위해 그분의 힘과 능력을 얻는 은혜의 도구다.

그러므로 형제들아 우리가 예수의 피를 힘입어 성소에 들어갈 담력을 얻었나니 >>> 히 10:19

그러므로 우리는 긍휼하심을 받고 때를 따라 돕는 은혜를 얻기 위하여 은혜의 보좌 앞에 담대히 나아갈 것이니라 >>> 히 4:16

어떻게 연합을 이룰 것인가?

소그룹 모임을 할수록 우리는 서로가 너무 다르다는 것을 깨닫게 된다. 그렇다면 우리는 어떻게 하나가 될 수 있을까?

사실 답은 누구나 알고 있다. 바로 예수님이 답이다. 예수님이라는 진리가 바로 세워져야 우리 안에 있는 서로 다른 질서와 가치가 변화될 수 있다.

우리가 연합하기 위해 애쓸 때마다 아주 사소한 일이 생기면서 서로 부딪히고 에너지를 낭비하게 된다. 그렇다고 그 일을 무시하고 넘어갈 수는 없다. 우리의 옛 자아는 잘 다스려지지 않는다. 우리가 하나님의 말씀으로 무장하지 않으면 옛 자아가 스멀스멀 올라와 우리의 연합을 방해한다.

이스라엘 백성은 애굽에서 탈출해 광야를 걸을 때 불평과 불만을 쏟아 냈다. 과거 애굽에서의 노예 생활이 차라리 낫겠다고 소리치는 그들의 모습은 정말로 인간적이고 나약한 존재 그 자체였다. 이처럼 미래의 소망이 담긴 하나님의 약속을 품지 못하면 현실 상황에 대한 불평과 원망이 쏟아지기 마련이다. 하나님의 약속에 대한 신뢰, 현실에 대한 감사가 뒷받침되어야 자꾸 과거로 돌아가고 싶어 하는 인간적인 욕심과 허울 좋은 신기루 같은 망상에 빠지지 않을 수 있다. 그리고 하나님 앞에서 진정으로 하나가 될 수 있다.

Tip

묵상과 기도를 통해서
자기 부인과
십자가를 져야 합니다

자기 부인은 살면서 가장 힘든 도전일 수 있다. 지독한 자기 사랑을 갖고 있는 우리는 자신이 움켜쥐고 있는 것들을 쉽게 놓지 못한다.

만약 누군가 자신을 너무 높이 평가해서 무엇이든 주님이 원하시면 다 할 수 있는 존재라고 생각한다면, 그는 이미 영적 교만에 빠진 것이나 다름없다. 우리가 그만한 힘을 갖고 있다면, 사실 하나님을 굳이 구하지 않아도 된다. 그러나 우리는 하나님 없이는 아무것도 할 수 없는 존재다. 이 마음은 저절로 생기는 것이 아니다. 자기 부인과 하나님의 필요에 대한 실제적 경험이 있어야 가능하다.

믿음은 실제적이고 경험적이어야 한다. 이론만으로 푸는 것은 사람들의 마음을 움직일 수 없다. 말씀대로 사는 삶은 영적인 실제이며, 자신과의 싸움이다. 자기 부인이 선행될 때 주님의 말씀에 순종할 수 있다. 다른 사람들을 위해 자신의 생각과 마음이 말씀 앞에서 다스려지는 것이다. 자신은 무력화되고 하나님의 뜻만이 실현되는 것이다.

내가 아무것도 할 수 없음을 시인했다면, 모든 것을 하실 수 있는 주님의 도우심이 필요한 차례다. 우리는 모두 주가 필요하다. 우리에게는 마음을 쏟을 곳이 필요한데, 주님과의 관계가 친밀하지 않으면 그 친밀함을 다른 곳에서 찾으려고 할 때가 많다. 예를 들어, 일, TV, 게임, 알코올, 관계, 마약, SNS 등 수도 없이 많다. 가장 심각한 것은 하나님을 제외하고 자신과만 살아가는 '나 중독'이다.

종일토록 믿음을 실천하고 있다 하더라도 자신의 열정만으로 사역하는 것은 온전한 열매를 거두지 못한다. 우리는 가끔 주님을 떠올리는 것이 아니라 온종일 주님과 함께하는 임재적인 삶을 살아야 한다.

주님과 함께하는 습관은 개인 묵상과 기도 시간, 예배 시간에 주님과 얼마나 친밀한 교제가 이루어지는가에 따라 결정된다. 주님과 친해진다면 매 순간 주님의 말씀을 기억하게 되고, 기억한 말씀을 실천할뿐더러, 주님과 함께하는 은밀한 기쁨을 맛보게 될 것이다. 주님과의 교제가 깊어지면 주님의 마음을 알아 서로 연합하게 된다. 흉내만 내는 것이 아니라 진정 주님의 말씀에 순종하는 자세로 연합하게 되는 것이다.

이에 예수께서 제자들에게 이르시되 누구든지 나를 따라오려거든 자기를 부인하고 자기 십자가를 지고 나를 따를 것이니라 >>> 마 16:24

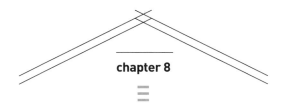

chapter 8

주님의 사랑으로 사랑하기
: 우리에겐 아무 힘도 능력도 없어요

이제는 내가 사는 것이 아니요

누군가에게 인정받고 칭찬받는 것은 기분 좋은 일이다. 그래서 우리는 인정과 칭찬을 더 많이 받기 위해 물질과 능력을 동원해 선한 일을 행한다. 하지만 그 행위의 결과로 인정과 칭찬이 돌아오지 않으면 괴로워한다.

그럴 때면 자신이 빠져 있는 것, 자신이 의지하고 있는 것이 무엇인지 잘 살펴보자. 우리가 하나님의 말씀에 순종하지 못하도록 그것들이 방해하고 있음을 알아차리자. 물질과 건강, 명예와 권력은 우리가 세상을 살아가면서 갈망하는 것들이다. 그러나 그것들을 의지하기 시작하면 하나님을 외면하게 된다.

나는 소그룹 기도 모임을 이끌면서 언제쯤 우리가 하나님의 마음을 시원하게 해 드리는 강한 군대가 될 수 있을까 생각했다. 그러나 인생 광야는 우리를 가만히 놔두지 않는다. 사건, 사고가 우리를 뒤흔들고, 작고 큰 전쟁이 계속된다. 그런 일상에서 마음을 준비하고 정렬하지 않으면 금세 지치고 만다.

내 마음은 주님의 말씀대로 순종할 의지로 가득했다. 그중 가장 하고 싶은 일이 무엇인지 생각해 보니, 사람들에게 하나님의 마음을 전하고 가르치는 일이었다. 그 일을 통해 함께 마음을 나누고, 삶을 나누고, 잘못과 실수를 나누고, 지혜와 권면을 나누는 성숙한 공동체로 성장하는 모습을 꿈꾸었다. 이를 위해서는 이기적인 마음이 하나님의 마음으로 채워져야 했고, 하나님의 생각대로 따를 수 있어야 했다.

우리는 짝 기도, 즉 느헤미야 기도를 통해 서로를 알아가기 시작했고, 긍휼히 여기는 마음을 품었다. 팀원들 중에는 때때로 상한 감정을 드러냈고, 누가 어떤 권면을 해도 귀를 막고 듣지 않으려는 이들도 있었다. 끊임없이 일어나는 부침(浮沈)에 우리는 지쳐 갔지만 결코 포기할 수 없었다. 기도 모임에서 나누는 묵상과 은혜, 개인 기도를 통해 계속해서 우리 자신의 마음을 들여다보는 일을 했다. 그러자 조금씩 변해 가는 것을 느낄 수 있었다. 이때 갈라디아서 말씀이 우리에게 도전을 주었다.

> 내가 그리스도와 함께 십자가에 못 박혔나니 그런 즉 이제는 내가 사는 것이 아니요 오직 내 안에 그리스도께서 사시는 것이라 이제 내가 육체 가운데 사는 것은 나를 사랑하사 나를 위하여 자기 자신을 버리신 하나님의 아들을 믿는 믿음 안에서 사는 것이라
> >>> 갈 2:20

머리로만 이해했던 말씀이 문득 가슴에 와 닿았다. 우리의 삶과는 동떨어진 것처럼 느껴졌지만, 소그룹 기도 모임의 목표로 삼기로 했다.

예수 그리스도께서 우리 안에 사시는 것! 어쩌면 이 땅에서의 우리의 삶은 이 엄청난 도전 과제를 이루기 위

한 것인지도 모른다.

　이 과제를 해 내기 위해 우리는 말씀 묵상으로 하루를 시작하고 기도에 전념한다. 그리스도께서 내 안에 사시고, 주님의 사랑을 경험하며 나누는 공동체에서 이루어지는 관계는 나에게 큰 축복이 아닐 수 없다. 이 땅에서 생명이 다하기까지 공동체적 즐거움을 누릴 수 있기를 날마다 기도한다.

Tip
실제로 십자가를 지는 삶은
쉽지 않습니다
: 이제 내가 육체 가운데 사는 것은…

'주님이 나를 위해 어떤 일을 하셨는가?'라는 질문에 대한 해석이 이루어지지 않으면 내가 주님을 위해 산다는 착각 속에 빠지게 된다. 남을 위하는 것처럼 보여도, 실상 깊은 내면을 들여다보면 자신을 위한 행동일 때가 많다. 나 자신을 위한 일인지, 하나님의 영광을 드러내기 위한 일인지를 구분하는 것은 참 어렵다.

"내가 그리스도와 함께 십자가에 못 박혔다"라는 말은 이전에 내가 갖고 있던 본성을 버리고 주님의 마음과 뜻으로 채우는 것을 의미한다. 비록 육체를 가지고 살아가지만, "내가 육체 가운데 사는 것은 나를 사랑하사 나를 위하여 자기 자신을 버리신 하나님의 아들을 믿는 믿음 안에서 사는 것"이다. 믿음은 은혜를 받아야 자라나고 강해진다.

교회는 이러한 믿음을 소유하기 위해 항상 하나님께 예배할 수 있는 곳이며, 믿음이 자라나는 은혜의 공간이다. 우리는 믿음 안에서 강해지고, 강해진 우리는 세상을 넉넉히 이기는 자가 된다. 옛 사람을 버리고 새사람을 입어야 한다. 우리의 새로운 가족이 되신 예수 그리스도와 함께 새로운 습관을 들여야 한다.

인격적인 정서는 어머니에게 가장 큰 영향을 받는다. 어머니의 품에서 자라는 시간이 길기 때문이다. 우리의 건강한 신앙 영성은 예수님으로부터 배우고 영향을 받아야 한다. 성령님의 인도하심을 받으면서 말이다. 그렇기 때문에 매일의 묵상과 기도는 영성이 건강하게 자랄 수 있는 배경이 된다.

담대히 주님의 복음을 전파
: 씻을 수 있음이 은혜다

한번은 소그룹 기도 모임 몇 팀이 해외 선교를 다녀온 적이 있다. 3박 4일간의 일정이었는데, 3일은 현지 교회에서 로마서 말씀을 전하는 일을 했고, 마지막 날에는 쓰레기 매립지 사역을 했다.

도착하면서부터 매일 비가 내렸고, 기온이 영상 33도를 웃도는 무더운 날씨였다. 현지 교회에서의 사역을 마치고 매립지로 향했다. 비가 와서인지 쓰레기에서 풍기는 악취가 참을 수 없을 만큼 심했다. 우리는 트럭에 실려 온 쓰레기들이 산처럼 쌓이는 모습을 보고 깜짝 놀랐다. 그런데 그곳 사람들은 아랑곳하지 않고 음식물 쓰레기봉투를 열어 먹을 만한 것들을 찾아냈다. 또한 돈으로 바꿀 수 있는 재활용품도 열심히 골라냈다.

가난한 사람들은 쓰레기 매립지 근처에 천막을 짓고 살았다. 들끓는 파리들과 지독한 쓰레기 냄새, 신발도 없이 맨발로 다니는 아이들, 마실 물이 없어 괴로워하는 주민들을 보니 마음이 아파 왔다.

나는 나오는 길에 옆을 지나가던 트럭 때문에 진흙탕을 뒤집어썼다. 한동안 오물 냄새가 가시지 않아 애를 먹었다. 그때 반짝하고 떠오른 생각이 있는데, '씻을 수 있는 것이 은혜'라는 것이었다.

그렇다! 우리의 모든 죄를 사하시려고 십자가에 못 박히신 예수님, 그분 덕분에 우리는 날마다 짓는 죄를 씻을 수 있지 않은가! 나는 그 사실을 떠올리며 주님의 사랑에 감격하고 감사했다. 당시 선교지에서의 이러한 경험을 돌아와서 다른 사람들과 나누었고, 주님의 영광을 위해 어떻게 살아야 할 것인지 진지하게 고민했다.

하나님의 가족이 된 우리 기도 모임 팀원들은 하나님의 성품과 인격, 정서를 닮기 위한 훈련을 필요로 했다. 우리는 각자가 가진 기도 모임에 대한 비전을 공유했다. 주님의 말씀을 따라가는 것이 확고하고 분명해졌기 때문에 지체할 시간이 없었다.

우리가 세상에서 살아가는 삶이 힘든 이유는 하나님과 함께하지 않기 때문이다. 우리는 말씀을 묵상하고 기도하면서 하나님을 만나는 일에 마음을 쏟아야 한다.

Tip
내가 진정 교회를 위하여
하고 싶은 것이 무엇입니까?
: 항상 배우지만 행하지 않는, 스스로 속는 사람

교회를 다니는 많은 사람이 자신의 소원을 간구하는 기도를 한다. 하지만 기독교가 다른 종교와 다른 점은 우리가 우리의 뜻이나 소원을 이루는 삶을 사는 것이 아니라 하나님의 백성으로서 하나님의 말씀을 듣고, 보고, 읽고, 느끼며, 그분의 뜻을 따라 산다는 것이다.

각 교회는 담임목사님이 하나님 앞에 구한 교회의 비전을 세우고, 그 비전을 소그룹 공동체가 공유한다. 왜냐하면 세상에서 그 비전을 실현하는 것이 교회 공동체의 목적이 되고, 그리스도 안에서 살아가는 구원 백성의 지표가 되기 때문이다.

구원받은 사람은 예수님이 자신의 구주가 되심을 받아들이고, 공동체 안에서 언약식(세례)을 한 후 공동체 생활을 시작한다. 머리 되신 주님의 지체가 되었으므로 세상의 법을 떠나 하나님의 법(머리 되신 주님의 말씀)을 지키며 사는 그리스도인이 된 것이다.

교회에 등록을 하면 새신자 양육 과정을 거쳐 정식 교인이 된다. 이 과정에서 교회가 갖고 있는 목표나 담임목사님의 목회 철학 등을 알게 되고, 성경에 대한 지식도 쌓게 된다. 동시에 교회 공동체를 위한 섬김 사역에 자원할 수 있다.

그런데 어느 정도 시간이 흐르면서 우리는 진정한 섬김이란 무엇인지, 교회 내에서의 관계는 어떻게 풀어야 하는지 스스로 묻고 점검하게 된다. 자신이 헌신한 부분에 대해 공로를 주장하고 싶어지고, 공로에 대해 보상받기를 원하는 마음도 생겨난다. 그러다 보면 처음에 하나님의 비전을 좇아 시작한 일들이 방향을 잃고 만다.

　이러한 벽에 부딪혔을 때 가장 중요한 일은 다시 복음을 이해하려고 노력하는 것이다. 자신의 죄성을 직면하고, 그 죄를 사해 주신 주님의 은총을 경험하는 자리로 나아가야 한다. 그리고 '부활 신앙으로 어떻게 다시 살아갈 것인가?'에 대한 해답을 주님의 말씀에서 찾아야 한다.

　무의식적으로 작용하는 감정은 개인적인 습관과 밀접한 관련이 있다. 어려서부터 만들어진 습관으로 인한 자신의 감정과 태도를 제대로 보려면 오직 말씀의 거울 앞에 서야 한다. 주님과 얼마나 다른 생각을 갖고 있는지를 깨닫고 돌이키는 회개의 역사가 일어나야 하는 것이다.

　우리 모두 공동체 안에서 솔직한 자신의 모습을 내어놓고 오직 주님께 힘과 능력을 얻어 거룩한 삶을 살기를 바란다.

또 나를 위하여 구할 것은 내게 말씀을 주사 나로 입
을 열어 복음의 비밀을 담대히 알리게 하옵소서 할
것이니 >>> 엡 6:19

chapter 9

≡

한마음으로 기도한 것의 열매
: 우리 함께 기도해

내가 변하고…

내가 소그룹 기도 모임을 이끌면서 느낀 점은 감정처리가 여전히 미숙하다는 것이다. 기질 검사, 성격 유형 등을 파악하며 서로를 이해하고 받아들이는 훈련을 했지만 인간적인 고집과 아집은 쉽게 사라지지 않았다.

나는 이 부분을 내내 고민하던 중 '정서'에 관심을 갖게 되었다. 여기서 정서는 가정에서 보고, 배우고, 습관처럼 쌓인 감정을 나타내는 것 모두를 포함한다. 우리 팀원 모두는 현재의 정서 상태를 살피고 하나님의 창조 때로 돌아가야 한다는 데 동의했다.

하지만 습관을 고치기란 얼마나 어려운 일인가! 하나

님과 늘 함께하며 깨어 있기 위해서는 부단한 노력과 끈기가 필요했다. 후에 우리는 지식적인 요소(성경 지식), 사회적인 요소(관계 맺기), 육체적인 요소(건강)가 두루 갖추어져 있어도 인격과 성품이 바뀌지 않는 이유는 정서적 요소의 결함 때문이라는 사실을 알게 되었다.

정죄감과 죄책감이 먼저 생기게 하는 회개 기도는 두려운 감정을 거절하고 좋은 모습으로 변화하려는 적극적인 태도를 갖도록 도와주었다. 그러나 우리는 자신의 잘못된 태도나 언어를 고치려 하지 않는 모습도 보였다. 그래서 피터 스카지로의 책《정서적으로 건강한 영성》(Emotionally Healthy Spirituality, 두란노 역간)을 함께 읽고 정서에 관한 모든 이야기를 함께 나누기 시작했다.

자신의 변화를 감지하기란 쉽지 않다. 자기 기대 또한 가늠하기 어렵다. 실망하기 전까지 알 수 없기 때문이다. 우리는 서로에 대해 기대하고 있었다는 점을 시인했다. 무의식적이고 비현실적인 기대가 무너질 때 부정적인 감정의 습관이 나타나고 상대에 대해 비판하고 정죄하게 된다는 것도 알게 되었다. 다시 말해, 사람들에 대한 기대로 인해 자신의 미래를 만들고 꿈을 꾸고 있다가 상대가 그 일들을 해 주지 않자 가차 없이 비난의 대상으로 삼게 되는 것이다. 이때는 관계를 맺고 있는 대상과 단절되는 경험을 했다.

예를 들어 쉽게 설명하면 이렇다. 결혼기념일에 아내가 남편에게 무언가를 기대한다. 남편은 퇴근해서 아내에게 작은 선물을 건네고, 그때 아내의 기대감은 최대치가 된다. 아내는 선물 상자를 열기 전에 남편에게 "여보! 이 안에 든 게 뭐예요?" 하고 물어본다. 남편은 "물론 당신이 가장 좋아하는 거지요!"라고 대답한다. 아내는 잔뜩 기대에 부푼 채로 다시 묻는다. "아니, 이 속에 무엇이 들었어요?" 남편이 그제야 대답을 해 준다. "당신은 나를 제일 좋아하잖아요. 그래서 제일 잘 나온 내 사진을 넣었지요!" 그때 아내의 기대감은 순식간에 무너지고, 남편에 대한 부정적인 감정을 노출하며 화를 낸다.

우리의 정서는 어느 때 누구에게 불쑥 튀어나올지 알 수 없다. 그래서 우리 소그룹 기도 모임 팀원들은 이 모든 것을 해결할 수 있는 길은 오직 하나뿐임을 알고는 각자 주님 앞에 엎드렸다. 주님 외에는 지혜가 나지 않고, 주님만이 우리를 인도하실 수 있기 때문이다.

어느덧 소그룹 기도 모임 인도자로 섬긴 지 20년이 되었다. 여전히 옛 자아가 살아 있어 매일 주님 앞으로 나아가야 하지만, 과거의 내 모습이 수치스럽거나 혐오스럽지는 않다. 왜냐하면 그것은 내 본연의 모습이 아니었기 때문이다. 나는 점점 주님의 마음을 갖고 싶어 하고, 정결해지기 원하고 거룩한 마음으로 살아가기를 소망하게 되었다. 그리고 무엇보다도 하나님이 말씀하신 대로 순종하며 살려는 의지가 샘솟았다.

많은 팀원이 함께했고, 다른 곳으로 떠나기도 했다. 처음에는 옳고 그름으로 팀원들을 판단하려 했지만, 이제는 내 한계를 깨끗이 인정하고 신뢰를 바탕으로 함께 가기로 결심했다. 그러자 팀원들 한 사람, 한 사람이 변하기 시작했다. 그렇게 소망했던 변화가 우리 가운데 일어난 것이다. 자신을 공동체적으로 내어놓고 그리스도의 사랑 안에서 말하고, 받아들이며, 묵상과 기도를 통해 해결의 실마리를 찾아 갔다.

Tip

개인의 묵상과 기도를 통해서
하나님의 형상을 회복하는 것은
우리의 정체성을 찾는 일입니다

자신에 대한 다른 사람들의 말을 듣거나 분석하는 것은 쉬운 일이 아니다. 성격에 대해, 언어에 대해, 태도와 행동에 대해 잘못을 지적받는 것을 공격이라고 오해하는 우리의 정서는 한편으로 다른 사람들에 대한 거짓말을 용인하는 문화를 양산해 냈다. 예를 들어, 어떤 사람이 엄청나게 꾸미고 나타났다고 하자. 우리는 그 사람 앞에서는 멋지고 예쁘다고 감탄하며 좋은 말들만 늘어놓을 것이다. 그런데 그 사람이 가고 나면 언제 그랬냐는 듯이 흉을 보며 뒷담화를 시작한다.

착한(선한) 일을 하는 것과 착한 영성이라는 명목 아래 거짓을 행하는 것은 엄연히 근본적으로 차이가 있다. 착한 일을 하는 것은 오직 성령의 음성을 듣고 그 음성에 순종하는 삶을 사는 것을 의미한다. 반대로 착한 영성이라는 명목 아래 거짓을 행하는 것은 상대에 대한 진심을 표현하기보다는 괜찮은 말로 상황을 모면하는 것이다. 어느 쪽에 목적을 두고 행하는가는 자세히 살펴보기 전에는 알 수 없다.

우리는 내면을 들여다보는 개인 묵상과 기도를 해야 한다. 성령님의 생각대로 살아가는 사람은 사랑과 용서의 마음이 생긴다. 진정으로 깨어지고 변화되는 것이다.

나 자신은 스스로 꺾으려 할수록 더 살아나기 마련이지만, 내주하신 성령님의 인도하심을 받으면 다스려진다. 그런 이유로 우리가 주님을 만나는 시간을 갖고 성령님의 역사하심에 귀를 기울이며, 주님의 형상을 닮아 가고자 노력하는 것이다. 성령님은 말씀을 통해 깨달음을 주시고, 부정적인 생각과 감정, 거친 언어와 순간적인 실수

등에서 돌이킬 수 있는 회개 기도를 하게 하신다.

하나님이 능히 모든 은혜를 너희에게 넘치게 하시나니
이는 너희로 모든 일에 항상 모든 것이 넉넉하여 모든
착한 일을 넘치게 하게 하려 하심이라 >>> 고후 9:8

우리가 변하고

우리는 서로의 기질과 성격 유형에 대한 검사를 계속했다. 시간이 갈수록 상대를 이해하고 배려하게 되었고, 무의식적으로 행동하게 하는 정서에 대해 더 깊은 연구와 토론을 했다. 그러면서 시대적 문화의 저변에 깔린 정서, 언어 습관, 무의식적 행동 등이 상대에게 상처를 주어 관계를 파괴하는 상황이 많았다는 사실을 알게 되었다.

우리는 각자 가계도를 그리며 부모에게 받은 습관이 무엇인지 생각해 보았고, 우리가 변해야 할 지점에 대해 진지하게 이야기를 나누었다. 이런 나눔에서 가장 방해가 된 것은 역시 수치심과 두려움이었다. 완벽한 인간상을 만들기 원하는 우리의 이기적인 마음이 관계에 있어서 수많은 벽을 만든 것이다. 그 벽들을 깨지 않으면 진정한 친구가 될 수 없고, 겉으로만 사이좋은 공동체가 될 뿐이다.

우리는 처음에는 마음이 상할 수도 있겠지만, 서로에 대해 정확한 권면을 하고 받아들이기로 결심했다. 그러자 거친 언어와 행동이 점점 줄어들었고, 우리의 관계도 점차 편해졌다.

잔뜩 얽힌 실타래가 풀리는 듯한 이 순간들은 나에게
전환의 계기가 되었다. 정서를 깊이 연구하고 소그룹에서
나누는 것이 교회를 새롭게 하는 비상구와도 같음을 느꼈
던 것이다. 실제 이러한 변화를 경험한 사람들 중에 '죄'
에 대한 직면보다 '악습'을 꿰뚫고 고치는 방향이 더 구체
적이고 접근하기 쉽다고 이야기하는 사람들이 많았다.

신앙의 양심으로 사는 것,
예수 그리스도의 성품과 인격으로
변화되는 길입니다

우리가 변하지 못한 이유 중 가장 큰 것은 개개인의 기질과 정서의 차이다. 기질은 타고난다고 하지만, 예수 안에서 변화되지 않는 것은 없다. 사람은 하나님의 말씀으로, 하나님의 형상을 입을 수 있게 창조되었다. 그러나 죄를 지음으로 창조의 목적을 잃어버리고 자신의 뜻을 이루기 위해 살아가게 된 것이다.

하나님의 뜻을 따라갈 수 있는 '길'이 없었다가 주님의 십자가 대속으로 인해 구원받을 수 있는 '길'이 열렸다. 다시 창조의 목적을 따라 생육하고, 번성하고, 땅에 충만하며, 땅을 정복하고, 모든 생물을 다스릴 수 있는 존재가 된 것이다.

하지만 하나님이 이처럼 놀라운 은혜를 베푸셨음에도 우리는 옛 사람으로 살았던 습관을 고치지 못하고 은혜

안에서 누리기만 하려고 한다. 신분은 하나님의 자녀로 바뀌었지만 삶은 여전히 분열과 다툼으로 가득한 것이다.

이러한 이중적인 삶을 새로운 삶으로 변화시키려면 오직 하나의 '길'만이 존재한다는 사실을 인정해야 한다. 그것은 맏아들 되신 예수를 닮는 것이다. 그분의 성품, 인격, 언어, 깊은 지혜를 닮을 수만 있다면 우리는 세상을 넉넉히 이길 수 있다.

어른이 되는 데는 책임이 뒤따른다. 인생의 결과물은 각자의 언어와 행동과 마음의 동기에 드러나게 되어 있다. 그러나 대부분의 사람들은 그것으로 인해 불편함을 느끼고 상처와 피해를 입는 것을 거부하기 때문에 결과적으로 관계 파괴를 가져온다. 이런 현상의 내면에는 서로에 대한 기대가 있다는 사실을 알아야 한다. 서로에 대

———————————————●————————————————●

한 기대가 충족되지 않으면 실망하게 되고, 결국 서로의 관계가 파괴되는 것이다.

자신의 내면에 어떤 기대가 있는지를 들여다보는 묵상과 기도를 해 보자. 말씀의 빛 가운데 혼자 기대하는 것들을 드러내고, 주님과 먼저 합의하자. 그러면 삶의 최종 권위자이신 주님께 나의 이기심과 욕심, 기대와 환상 등을 내려놓을 수 있다. 또한 주님의 말씀을 통해 그분의 깊은 사랑을 경험하면서 주님을 닮아 갈 수 있는 길이 보인다.

서로 돌아보아 사랑과 선행을 격려하며 >>> 히 10:24

하나님의 영광이
드러나는 열매들

주님의 은혜를 구하는 것은 소그룹 공동체에 엄청난 변화 요인이 되었다. 다른 사람의 지적이나 비판을 받아들이고 더 나은 어른으로 성장하기 위한 방편이 되었던 것이다.

먼저, 우리의 언어를 변화시켰다. 이전에는 상대에 대한 배려 없이 직언하거나 명령하는 투로 말했다면, 이제는 자신의 마음 상태를 설명하며 이해시키는 행동을 보였다. 흔히 말하는 '나-메시지'(I-message, 의사소통을 할 때 '나'를 주어로 하는 표현)를 실천한 것이다. 말씀을 묵상한 후 자신의 마음을 살펴보면서 이기적인 부분과 잘못된 행동을 스스로 찾아내 변화시키는 일이 진행되었다.

또한 가장 중요한 것은 '마음'이라는 데 생각이 일치했다. 우리는 어떻게 해서든 변화하고 싶었다. 고집과 아집, 스스로 의롭게 생각하는 무의식적인 생각과 습관적인 행동은 주님의 도우심이 없이는 해결할 수 없는 문제였다. 우리는 사랑을 전제로 배려하며 건강한 공동체 가족을 이루었다.

　기도 모임을 처음 시작할 때는 교만해서 배운 것을 서로 가르치려 했고, 그로 인해 상대에게 상처를 주었으며, 소통이 되지 않으면 남 탓을 했다. 하지만 우리의 정서가 예수님과 너무나 다르다는 사실을 알게 된 후 더 이상 우리의 민낯을 덮을 수도, 속일 수도 없었다. 우리의 대안은 오직 자신의 내면을 들여다보고, 우리가 주님의 말씀을 따라가지 못하는 이유를 밝혀내는 것이었다.

　지금 우리의 목표는 과거의 집착에서 벗어나 새 일을 행하실 주님만을 바라보는 것이다. 그런 우리 기도 모임에서는 주님이 우리의 더럽고 추한 모습을 얼마나 사랑하셨는지를 깨닫고, 그 사랑에 대한 감사와 헌신이 일어나고 있다. 주님만을 따르다 보면 어느새 삶에서 주님의 영광을 드러내는 통로가 될 것이다.

　소소한 일상에서 최선을 다해 가족을 사랑하고 배려하고, 동역자들과 연합하고, 교회에 충성하며, 아직 구원받지 못한 이웃에게 그리스도의 사랑을 전파하는 삶을 살자. 그런 공동체가 되자. 온유하고 넉넉한 마음을 가지고,

주님의 사랑을 갈망하며, 주님과 동행하며, 주님을 닮아
가는 '작은 예수'가 되자.

> 여호와는 나의 빛이요 나의 구원이시니 내가 누구를
> 두려워하리요 여호와는 내 생명의 능력이시니 내가
> 누구를 무서워하리요 >>> 시 27:1

Tip
내면의 모습을 제대로 보려면
새로운 '가족'이
필요합니다

원 가족에서 새 가족이 되는 것은 집이나 사람을 바꾼 다고 가능한 일이 아니다. 원 가족에게서 받은 정서의 영향력을 거절하고 주님을 닮은 새로운 모습으로 바뀌는 훈련을 해야만 새 가족을 이루는 일이 가능하다.

교회는 그 일을 위해 주님의 말씀을 선포하고, 말씀대로 살아갈 수 있도록 권면하고, 위로하고, 안위하는 예언적 사역을 하는 곳이다. 이 모든 일은 성령님의 역사가 없이는 불가능하다. 따라서 우리는 예배 시간과 묵상 시간, 기도 시간에 성령님이 역사하시기를 갈망해야 한다. 성령님이 함께하시면 말씀 안에서 힘을 얻고, 능력을 경험하며, 말씀대로 변화되는 삶을 살 수 있다.

우리는 여전히 일상에서 작은 불순종과 잘못된 정서로 인해 생긴 습관을 발견한다. 그때마다 주님께 달려가 회개하고, 소그룹 공동체에서 이루어지는 교제 가운데 깊은 나눔과 소통을 하면 하나님과 동행하는 놀라운 경험을 하게 될 것이다. 함께 묵상하고, 기도하며, 미래를 꿈꾸는 소그룹이 교회의 건강한 지체로서의 역할을 감당한다면, 교회는 역동성을 갖고 하나님의 영광을 드러내는 주님의 몸 된 교회로 세워질 것이다.

우리 모두가 선교사로 파송되거나 목회자가 될 수는 없다. 변화된 많은 그리스도인이 할 수 있는 일은 주님의 말씀에 순종하고, 주님의 몸 된 교회를 세워 나가며, 파송 선교사님들과 구원받지 못한 열방과 민족을 위해 기도하는 것이다. 또한 가정을 믿음 위에 든든히 세우고, 다음 세대인 자녀들을 주님 안에서 양육하는 일에 최선을 다하는 것이다.

우리는 능력 주시는 주님 안에서 모든 것을 할 수 있다. 우리가 함께 기도할 수 있다면 우리를 통해 하나님이 역사하시는 모든 일을 능히 감당해 낼 수 있다. 우리를 통해서 일하실 주님을 소망하며 우리 함께 기도하자.

내게 능력 주시는 자 안에서 내가 모든 것을 할 수 있느니라 >>> 빌 4:13

　　하나님의 영광의 도구로 사용하기 위해서는 많은 훈련을 필요로 한다. 하나님의 임재를 체험하는 습관을 들이는 것은 단번에 이루어지지 않기 때문이다. 예수님을 영접하고, 그분을 통해 옛 사람이 십자가에 못 박히며, 새로운 자아를 발견하는 일에는 참 자아를 이끌어 가시는 성령님의 도우심이 필요하다. 성령님은 우리 안에서 그리스도를 증거하셔서 우리가 주님의 말씀을 따라 살아갈 수 있도록 힘을 제공하신다.

　　개인의 신앙이 자라지 않으면 겉으로 보이는 헌신과 은사로 신앙의 깊이를 평가하는 오류가 생긴다. 진정한 신앙의 깊이는 주님의 인격과 성품을 내면적으로 얼마나 충만히 담고 있는가에 있다.

　　우리는 어떤 모양이든지 일관성 있는 모습으로 다른 사람들에게 평가를 받는 것이 진정한 자신의 모습임에도, 다른 사람의 평가를 인정하지 않거나 무시해 버린다. 왜냐하면 그만큼 자신을 지독하게 사랑하기 때문이다.

　우리에게 가장 필요한 것은 순전한 마음이다. 주님이 "이렇다" 하고 말씀하실 때 "예" 하고 받을 수 있는 순종의 마음 말이다. 우리의 인격과 성품으로는 복된 삶이 불가능하다는 사실을 인정해야만 주님의 말씀을 따르려는 마음이 생긴다. 또한 그 마음이 생겼다 해도, 말씀을 깨달아야 한다.

　말씀을 가장 잘 깨달을 수 있는 시간은 간절한 마음으로 주님을 찾는 고난의 때다. 주님은 우리의 이기심과 정욕을 드러내 주는 고난을 통해 고난의 이유를 밝히신다. 또한 우리의 정체성과 자리와 신분이 어떠함을 가르쳐 주는 통찰을 주신다. 인생의 작고 큰 고난을 통해 우리는 제자리로 가는 훈련을 하는 것이다.

　유창한 언어로 기도하며 주님의 사역에 동참할 수 있지만 다른 사람, 나라, 민족을 세워 놓고 정작 자신은 넘어진다면 그처럼 불행한 일도 없다. 활활 타오르는 불꽃 같은 열정도 필요하지만 한 걸음, 한 걸음 걸어가는 신앙의 여정에 있어서는 마음의 여유도 중요하다.

나는 나이가 들면서 이전의 열정은 사그라들었지만 내면으로는 더욱 주님을 사랑하고 신뢰한다. 매일 묵상과 기도를 하며 마음으로는 하나님의 법을, 육신으로는 죄의 법을 섬기는 나 자신과 끊임없이 마주한다. 옛 사람의 습관을 끊어 내는 일이 이렇게 어렵다.

나는 여전히 부분적으로 처리해야 할 옛 자아가 살아 있다. 그러나 이제는 그것을 거절할 수도 있고, 이길 수도 있다. 그리스도를 통해서 나의 옛 자아를 십자가에 못 박을 수 있고, 그리스도와 함께 영원한 생명을 누릴 수 있으며, 그리스도 안에서 살아 그분께 순종함으로 주님의 영광을 위해 사는 사람이 될 수 있다. 이 얼마나 복된 일인가!

매일 주님과 만날 약속을 정하고 그 시간을 기다리며 가슴 설레기를 바란다. 주님을 만나서 사랑하고, 전적으로 신뢰하며 신앙의 여정을 함께하고, 교회 안의 소그룹 기도 모임에 은혜가 넘쳐나 교회가 부흥하기를 소망한다.

묵상에 대한 실습 1

---

1   그날의 성경 본문을 5회 반복하여 읽습니다. 가장 마음에 와 닿는 부분에 줄을 긋고 왜 그 말씀이 마음에 와 닿는지 기도해 봅시다. 줄거리를 요약한 내용을 기억합니다.
→ 줄거리를 요약한 내용을 다른 사람들과 나누어 봅니다. 의문이 있는 곳은 서로에게 질문을 하고, 풀어지지 않는 것은 따로 적어 둡니다.

---

2   전체적으로 본문을 읽어내려 갈 때 드는 감정은 어떤 것이 있는지 기록해 봅니다.

---

3   오늘이나 어제까지의 상황에서 불안하거나 염려가 되는 것은 어떤 것이 있는지 찾아서 기록합니다.

---

4   마음에 찔리는 곳이 있다면 왜 그런가를 기도로 알아 봅니다. 주님이 주시는 마음을 표현해서 기도문을 작성해 봅니다.

---

5   돌이켜야 한다거나 돌이키고 싶은 마음을 기억하고 회개합니다.
→ 회개의 기도를 구성해 봅니다.

---

6   도전과 소망이 되는 구절을 찾아봅니다.
    → 말씀을 사용해서 소망에 대한 마음을 갖고 간구하는 기
      도문을 작성합니다.

7   미래적인 비전으로 잡고 싶은 구절을 통해 내게 주시
    는 현실적인 은혜를 찾아봅시다.
    → 말씀을 붙들고 하는 기도를 작성해 봅니다.

8   하나님의 성품에 대해 깊이 생각하고 오늘 자신의 불
    안과 두려움, 염려에 대해 말씀을 통해 무엇을 알게 하
    시고 깨닫게 하시려는지 질문하고 말씀으로 음성을 듣
    는 것을 적어 봅니다.

9   종일토록 기억하고 붙잡고 살아갈 한 문장의 회개기도
    나, 깨달음, 도전과 소망을 작성합니다.

10 감사의 마음으로 종일 기억할 것들을 암송하고 서로
    나누어 봅시다.

    ※ 1시간 이상 소요될 수 있습니다.
    ※ 감각적인 성향의 사람이 사용하면 유익합니다.

묵상에 대한 실습 2

---

1 전 날의 자신의 내면 상태를 살펴봅니다. 관계 가운데 일어난 일들을 기억해 봅니다. 즉 하나님, 가족, 동역자, 친구, 이웃 등과의 관계에서 자신의 행동이나 마음을 정직하게 살펴봅니다.

---

2 오늘의 말씀을 묵상합니다. 5회 이상 읽고 줄거리를 요약한 후, 전부 기억할 수 있도록 자세히 읽습니다.

---

3 자세히 읽은 내용을 토대로 다음 기도문들을 작성합니다.

>>> ① 양심에 찔리는 일들이나 부정적인 정서적 습관, 실제로 '죄'라고 생각하는 것들에 대한 회개의 기도문

② 오늘의 마음의 상태에 대해 도전하는 말씀을 인용하여 작성한 소망과 간구의 기도문

③ 마음의 상태의 부정적인 것들과 이기심, 욕심, 정욕 등의 어둠의 영들에 대해 영적 전쟁을 선포하는 대적 기도문

④ 오늘의 말씀으로 치유와 소망을 주신 것과 주의 이름으로 대적한 일들에 승리를 주신 하나님께 드리는 감사의 기도문

※ 간단하게 요약한 것이라도 1시간 이상 소요될 수 있습니다.

※ 직관적인 성향의 사람이 사용하면 유익합니다.

※ 모든 기도문을 길게 작성할 필요는 없습니다. 하지만 오늘 묵상한 말씀을 하루 종일 기억할 수 있도록 깊이 있게 생각하고 곱씹어 보도록 짧은 문장으로 정리해 보는 것은 매우 유익합니다.

두 가지 묵상에 대한 실습 중 어느 것이든 사용해 보고 익숙하게 할 수 있는 자신의 묵상 방법을 발견해야 합니다. 과제를 이행하는 것 이상의 마음을 나누는 교제의 부분이 있기 때문에 하나님과 '함께 있음'의 시간이 필수적입니다. 즉 임재의 경험이 있으려면 성령 안에서의 기도의 시간이 없으면 형식적인 것에 불과합니다.

그러므로 기도-큐티는 하나님과 마음을 나누는 시간입니다. 친구가 되는 여정입니다. 소통과 공감을 할 수 있게 되는 과정이 될 것입니다.

소그룹과의 나눔이 없으면 묵상의 오류를 발견하기 어렵습니다. 교회의 소그룹에서 말씀을 묵상한 것들을 나누는 일은 신앙의 깊이를 더할 수 있도록 도와줍니다.

기도-큐티(QT; Quiet Time) 활용법

---

1   **어제의 기도-큐티 점검하기**

---

2   **말씀을 해석하고 메시지 찾기**

① 자세히 읽기

② 내용 정리

> ※ 말씀을 바르게 해석하도록 돕는 자료를 활용합니다.
> 예를 들어, 설교, 큐티 책에 기록된 해설, 주석, 성경 사전
> 등이 있습니다.

---

3   **말씀에 비추어 보기**

① 내 마음 들여다보고 고백하기

② 회개 기도 하기: 거창한 죄가 아니라 소소하고 부정
적인 감정과 잘못된 습관에 대한 것입니다.

>>>

4   **말씀을 붙들고 기도하기**

① 성령의 도우심을 구하는 기도

② 도전과 소망의 말씀 찾기

③ 순종하고 결단해야 할 말씀 찾기:
   거짓이 없는 정직한 기도를 드려야 합니다.

④ 선포 기도 하기:
   응답이 올 때까지 적어 놓은 기도 제목을 기억하며 다
   음 날에도 하나님이 주시는 마음을 따라 기도해야 합
   니다. 선포 기도는 다른 사람들이 들으라고 큰 소리로
   하는 기도를 의미하는 것이 아니라 자신에게, 원수 마
   귀에게, 하나님께 소리를 내어 알아들을 수 있는 언어
   로 말하는 마음의 기도입니다.

5   **감사 기도 하기**

주님과 동행하며 종일토록 묵상한 말씀과 기도 내용을
기억합니다. 모든 상황과 일상에서 감사를 잃지 않도록
묵상 시간뿐만 아니라 모든 시간과 공간에서 감사를 기
억하는 훈련을 함께 해야 합니다.

6   **소그룹에서 나누기**

아무리 좋은 묵상의 결과가 있더라도 나누지 않으면 열
매가 없습니다. 자신의 삶을 나누면서 주님의 말씀이 어
떻게 역사했는가를 나누면 정리가 잘되어 오래 기억할
수 있습니다.

기도 실습 7단계

이 기도 실습은 순서가 정해진 것이 아닙니다. '단계'라고 표현했지만 2단계와 3단계는 순서가 바뀔 수 있고, 5단계는 2단계부터 시작되는 소그룹 기도에서 어느 단계에서든 사용할 수 있습니다.

여기서 사용한 기도문들은 자신의 방식대로 바꾸어도 좋습니다. 그날의 묵상 내용을 기억하며 기도한다면 기도의 방향이 흩어지지 않을 것입니다.

회개 기도는 자신의 삶과 내면에 관해 회개하는 것이기 때문에 '우리'라는 대표성을 갖는 회개 기도를 지양하고, '나'를 주어로 해 자신의 삶을 돌이키는 회개 기도를 지향합니다.

선포 기도는 소리를 내어 하는 모든 기도를 말합니다. 하지만 소그룹 기도 모임에서는 팀원들이 들을 수 있을 정도로 합니다. 선포 기도는 기억하고 있는 말씀으로 하는 것이 유익합니다.

합심해 통성 기도를 하는 것은 성령님의 인도하심을 따라 알아들을 수 있는 기도와 방언 기도가 병행될 수 있습니다. 방언 기도를 할 때는 자신의 기도에 빠져서 팀원들의 기도를 방해하는 일이 없도록 주의합니다.

마무리 기도 때마다 팀원들이 "아멘"으로 화답합니다. 이것이 중요한 이유는 한 사람의 기도가 아니라 모두의 기도이며, 놀라운 역사가 일어날 것에 대한 믿음의 선포이기 때문입니다.

1단계	**개인 묵상과 기도**

2단계 묵상 나눔

인도자: "한 분, 한 분씩 묵상을 나누어 주십시오."

팀　　원: (3–5분을 넘지 않도록 시간을 조절해 묵상을 나눕니다.
　　　　 팀원들이 다 나누면 마지막에 인도자가 나눕니다.)

3단계 찬양(두 곡 정도 선곡)

4단계 회개 기도

인도자: "이제 우리가 하나님의 보좌 앞으로 회개하며 나
　　　　아갑니다. '하나님, 우리의 머리에서부터 발끝까
　　　　지 주 예수 그리스도의 보혈로 덮어 주시옵소서.
　　　　우리가 드리는 회개 기도를 받으시고 우리를 정
　　　　결하게 해 주시옵소서.' 함께 통성으로 기도하시
　　　　겠습니다."

팀　　원: (함께 통성으로 회개 기도를 합니다. 합심해서 소리 내어
　　　　 기도하거나 방언 기도를 할 수 있습니다.)

인도자: "각자가 하나님 앞에서 회개한 기도를 한 분씩
　　　　고백해 주십시오."
　　　　(인도자는 항상 솔선수범해야 합니다.)

팀　　원: (한 사람씩 돌아가며 토설합니다. 공동체를 대표하는
　　　　 '우리'의 회개가 아니라 그날 말씀에 비추어진 개인의
　　　　 회개를 고백합니다.)

인도자: (팀원 모두의 회개 기도가 끝나면 인도자가 마무리 기도를 합니다.)

"주님! 우리 각 사람이 드린 회개 기도를 받아주셔서 감사합니다. 회개의 내용들이 우리의 삶 속에서 거룩한 능력으로 나타날 수 있도록 도와주시옵소서."

5단계   묶고 푸는 기도

인도자: "이제는 우리가 한마음이 되어 주님 앞으로 나아갑니다. '하나님, 성령의 기름 부으심으로 지금 우리가 선포해야 할 기도에 대해 깨닫게 하시고, 그것을 입술로 선포할 수 있는 능력으로 충만하게 해 주시옵소서.' 이 모든 기도를 훼방하는 영을 대적하며 함께 기도하겠습니다."

(통성으로 기도합니다.)

팀   원: (훼방하는 어둠의 영들을 묶고, 풀어져야 할 성령의 은사와 능력이 일어나도록 명령조로 기도합니다.)

※기도의 예: "내가 나사렛 예수 그리스도의 이름으로 명하노니 우리의 기도를 훼방하는 모든 어둠의 영들아, 묶임을 받고 떠나갈지어다! 우리의 연합을 훼방하는 분리의 영들아, 묶임을 받고 떠나갈지어다! 너희는 우리의 기도를 훼방할 수 없다! 우리는 하나가 되었고, 이제 우리가 하나님의 뜻에 순종하며 하나님의 뜻을 선포할 때 그 어느 것도 우리의 기도를 막을 수 없다!

하늘의 모든 은사와 능력과 축복이 우리 가운데 풀어질지어다! 주님! 우리 가운데 가장 좋은 능력과 은사들로 채워 주시옵소서!"

(선포하는 사람 외에 모두가 "아멘"으로 화답해 마음으로 하나 되는 데 집중합니다.)

6단계 선포 기도

인도자: "이제 우리가 열방 가운데로 나아갑니다. 각자를 향한 성령의 인도하심을 따라 함께 통성으로 기도하겠습니다."

(교회에서 준비한 열방을 위한 기도 목록이 없을 경우 평소에 열방을 위해 품고 있던 기도 제목이 있는 분이 먼저 시작합니다. 인도자의 인도를 따라 모두 합심해서 통성으로 기도합니다. 방언으로 기도할 수 있습니다. 그러나 방언으로만 기도하는 것은 유익하지 않습니다.)

(함께 통성으로 합심해서 기도한 후)

"한 분씩 선포해 주십시오!"

팀　원: (팀원들의 기도가 이어집니다. 다 기도했다고 생각되거나 더 이상 기도가 나오지 않을 때는 선포 기도를 마무리하고 다음 기도로 넘어갑니다.)

인도자: "열방을 향한 우리의 기도가 응답되기를 선포합니다. 이제 우리나라와 민족을 위해 함께 통성으로 기도하겠습니다."

(우리나라의 종교, 가정, 정부, 교육, 문화, 예술, 미디어, 경제 등의 영역을 위해 기도합니다. 교회에서 준비한 나라와 민족을 위한 기도 목록이 없을 경우 평소에 품고 있던 기도 제목을 놓고 기도합니다. 기도 목록대로 기도하는 것도 좋지만, 그 시간에 성령님이 가르쳐 주시는 내용까지 기도하는 것이 더 유익합니다.)

(함께 통성으로 합심해서 기도한 후)

"한 분씩 선포해 주십시오!"

팀　원: (기도 목록대로 기도하고 각자가 품었던 기도를 합니다. 한 사람이 선포하면 다른 팀원들은 "아멘"으로 화답합니다. 다 기도했다고 생각되거나 더 이상 기도가 나오지 않을 때는 선포 기도를 마무리하고 다음 기도로 넘어갑니다.)

인도자: "우리나라와 민족을 향한 기도가 응답되기를 선포합니다. 이제 교회를 위해 함께 통성으로 기도하겠습니다."

(함께 통성으로 합심해서 기도한 후)

"한 분씩 선포해 주십시오!"

팀　원: (팀원 한 사람, 한 사람의 기도가 이어집니다. 다 기도했다고 생각되거나 더 이상 기도가 나오지 않을 때는 선포 기도를 마무리하고 다음 기도로 넘어갑니다.)

인도자: "교회를 향한 우리의 기도가 응답되기를 선포합니다. 이제 우리 기도 모임의 목적과 비전을 위해서 함께 통성으로 기도하겠습니다."

(교회의 비전과 기도 모임의 목적과 비전을 지속적으로 선포합니다.)

(함께 통성으로 합심해서 기도한 후)

"한 분씩 선포해 주십시오!"

팀　원: (팀원들의 기도가 이어집니다. 다 기도했다고 생각되거나 더 이상 기도가 나오지 않을 때는 선포 기도를 마무리하고 다음 기도로 넘어갑니다.)

인도자: "우리 기도 모임의 목적과 비전을 향한 하나님의 뜻이 우리의 기도로 응답되기를 선포합니다!"

7단계 응답에 확신하는 기도

인도자: "하나님, 감사합니다! 주님의 말씀을 선포하고 기도함으로 새로운 기름 부으심을 경험하게 하심을 감사드립니다. 이제 우리가 다시 힘을 얻고 주님의 능력으로 계속 기도할 수 있도록 각자의 삶의 영역에서 역사해 주시옵소서. 주님께 모든 영광을 올려 드립니다. 주님의 이름을 송축합니다. 주님, 사랑합니다. 이 모든 말씀을 예수님의 이름으로 기도합니다. 아멘!"

※기도가 끝난 후에는 짝 기도 팀으로 나뉘어 기도하는 것이 유익합니다. 기도를 마친 후에 잡담을 하게 되면 기도 내용에 대한 확신이 흔들릴 수 있기 때문입니다. 인도자는 이 점을 유의해 분위기가 산만해지지 않도록 하고, 집으로 돌아갈 때까지 기도 내용이 흐트러지지 않게 합니다.

짝 기도

'느헤미야 기도'라고도 표현합니다. 느헤미야와 이스라엘 백성이 52일 동안 무너진 성벽을 구축한 일을 생각하며 관계, 가정, 사업 등 개인적으로 무너진 곳을 찾고, 응답받은 기도에 대한 감사를 나누며, 서로를 위해 기도할 수 있는 시간을 마련하기 위한 기도입니다.

| 첫 번째 만남 | ① 52일 동안 짝이 되는 상대의 기도 제목을 받습니다. 3-5개의 기도 제목을 받습니다. 너무 많은 기도 제목을 받으면 잘 생각나지 않고 기도에 대한 부담감이 커져서 흐지부지 될 수 있습니다.
② 짝을 위해 기도할 수 있는 시간을 정합니다. 기도하기에는 새벽 시간이 가장 좋습니다. 하지만 새벽 시간이 어렵다면 형편껏 기도하기 좋은 시간을 정합니다.
③ 기도 제목을 받을 때 자신의 생각을 말할 필요는 없습니다. 짝의 기도 제목을 떠올리며 위로와 안위와 권면을 주는 말씀을 전하는 데 집중합니다. |

두 번째 만남	절반인 26일째 되는 날에 짝과 만나 차를 마시거나 식사하면서 교제 시간을 갖습니다. 짝 기도는 사실 친밀함을 쌓는 시간을 필요로 합니다. 영적인 부분을 나누다 보면 은연중에 우월과 열등이 나뉠 위험성이 있으므로 되도록 피하는 것이 좋습니다. 서로 마음을 편하게 나누며 친구가 될 수 있는 분위기를 만드십시오. 응답받은 기도 제목은 지우고, 새로운 기도 제목이 있다면 채워서 나머지 26일 동안 기도합니다.
마지막 만남	마지막 52일째 되는 날에 짝과 만나 차를 마시거나 식사하면서 교제 시간을 갖습니다. 기도 제목에 대해 설명하기보다는 마음을 나누고 친밀해지는 것이 중요합니다. 52일 동안 짝을 위해 기도하면서 적용한 성경 말씀들을 교환합니다. 말씀에 대한 설명은 할 필요가 없으며, 받은 말씀으로 기도하는 것은 본인의 몫입니다.